1

Warum riskantes Spiel die kindliche Entwicklung fördert

In vielen Kitas ist gewagtes Spiel oder Hantieren mit echten Werkzeugen untersagt. Schließlich wollen die Fachkräfte ihre Aufsichtspflicht nicht verletzen und sich möglichen Vorwürfen der Eltern aussetzen. Möchte man Kindern vielfältige Entwicklungschancen ermöglichen, ist jedoch nicht Risikominimierung der Weg, sondern Risikodosierung.

Wildes und gewagtes Spiel – Risikokompetenz bei Kindern fördern

Liebe Leserinnen, liebe Leser!

Kinder haben ein Recht auf Spiel! Dieser Aussage würde vermutlich keine pädagogische Fachkraft und kein Elternteil widersprechen. Aber haben Kinder auch ein Recht auf wildes und gewagtes, ja sogar riskantes Spiel? Auf diese Frage werden die Antworten sicher sehr unterschiedlich ausfallen. Denn hier schwingt sofort die Besorgnis mit, dass ein Kind sich beim sogenannten Risky Play verletzen bzw. Schaden nehmen könnte. Aufseiten des Trägers und des Kita-Teams kommt die Angst vor einer Aufsichtspflichtverletzung und einer Haftung für eventuell eintretende Schäden hinzu.

Die Gefahrenseite ist schnell im Blick, seltener werden die vielen Chancen des gewagten Spiels in die Waagschale geworfen. Die Kinder lernen durch Klettern auf Bäume, Hantieren mit echtem Werkzeug und Feuer, wildem Herumtoben und Raufen, Zeiten des geheimen Für-sich-Seins, um nur ein paar Aspekte des Risky Play zu nennen, ihren Körper, ihre Psyche und ihren Umgang mit der eigenen Angst besser kennen. Sie gewinnen an Selbstsicherheit und Selbstwirksamkeitserwartung, sind besser gerüstet für kommende Risiken und verunfallen seltener und milder. Kindliche Risikokompetenz zu fördern, ist also immanenter Bestandteil des pädagogischen Bildungsauftrags von Kindertageseinrichtungen und damit genauso elementar wie die Aufsichtspflicht.

Ein unauflösbares Dilemma? Nicht unbedingt, wenn pädagogische Fachkräfte einerseits notwendige Sicherheitsbestimmungen beachten und gleichzeitig Freiräume für die Kinder entfalten, die es ihnen ermöglichen, an ihre Grenzen zu gehen, selbst gewählte dosierte Wagnisse einzugehen und zu meistern.

In diesem Heft wird anhand vieler Beispiele für unterschiedliche Risikosituationen im Innen- und Außenbereich deutlich, wo gewagtes Spiel bei den verschiedenen Altersgruppen stattfinden kann und wie pädagogische Fachkräfte entsprechende Spielsituationen vorbereiten und angemessen begleiten können. Und nicht zuletzt wird gezeigt, wie Kita-Räume und Außengelände so gestaltet werden können, dass sie zu dem so wertvollen gewagten Spiel herausfordern.

Joachim Bensel

Dr. rer. nat. Dipl.-Biol. Joachim Bensel, Verhaltensbiologe, lehrt an der Ev. Hochschule Freiburg „Pädagogik der Kindheit" sowie an der Universität Salzburg „Early Childhood Education" und führt unter anderem Forschungsprojekte zur außerfamiliären Betreuung und zur Einschätzung von Kindeswohlgefährdung in Kita und Hort durch. Er ist Mitinhaber der Forschungsgruppe Verhaltensbiologie des Menschen (FVM).

Zum Reinhören: kindergarten heute Bonustrack

Welche Erfahrungen hat eigentlich Autor Joachim Bensel im riskanten und gewagten Spiel seiner Kindheit gemacht? Was hat ihn bei seiner Recherche nachhaltig beeindruckt und welchen Tipp hat er für Erzieher:innen im Gespräch mit Eltern, wenn es um echtes Werkzeug, gefährliches Feuer und geheime Verstecke geht? All das erzählt Joachim Bensel im kostenlosen Kurzinterview „Bonustrack" auf www.kindergarten-heute.de/risky-play.

Inhaltsverzeichnis

1. Gefahr, Risiko und Wagnis

Schon auf dem Weg zur Geburt lauern vielfältige Gefahren, die verhindern können, dass ein Kind lebend und gesund zur Welt kommt. So geht beispielsweise mehr als die Hälfte der befruchteten Eizellen aus natürlichen Gründen vor der Einnistung verloren. Bereits in der Schwangerschaft und vor allem nach der Geburt versuchen Eltern, die natürlichen Lebensrisiken ihres Kindes zu minimieren. Die (werdenden) Mütter hören auf zu rauchen, Alkohol zu trinken, optimieren ihre Ernährungsgewohnheiten, vermeiden unnötigen Stress und versuchen, alle denkbaren Risiken, die ihr Kind gefährden könnten, auszuschalten. Nur zwei Beispiele: Um den Sturz von der Wickelkommode zu vermeiden, soll immer eine Hand am Baby bleiben. Manche Elternratgeber empfehlen sogar, auf eine Kommode ganz zu verzichten und nur auf dem sturzsicheren Boden zu wickeln. Säuglinge sollen nicht in Bauchlage schlafen und auch nicht im Elternbett, um das vermeintliche Risiko eines „plötzlichen Kindstods" zu verringern.

Bereits in dieser frühen Lebensphase des Kindes wird eine grundsätzliche Haltung vieler Elternratgeber und der Eltern selbst gegenüber möglichen Verletzungsrisiken des Kindes sichtbar: Es gilt, sie – wo möglich – zu vermeiden oder ganz auszuschließen. Neben der Überschätzung der tatsächlichen Eintrittswahrscheinlichkeit eines Unfalls oder einer Versehrtheit des Kindes (beispielsweise haben Kinder die Nächte in vorindustriellen Zeiten meist folgenlos im Familienbett verbracht und tun dies in traditionalen Kulturen noch heute) wird für eine echte Risikoabwägung meist ein entscheidender Aspekt außer Acht gelassen: Was nehmen wir einem Kind an Entwicklungschancen, wenn wir seine Umgebung von allen Risiken entschärfen?

Mit dem Verzicht auf ein „co-sleeping" im Familienbett verzichten Eltern gleichzeitig auf eine höhere Responsivität und schnellere Antwortbereitschaft der Mutter. Tatsächlich scheint die Gefahr des plötzlichen Kindstods im Familienbett – wenn Eltern Alkohol und Betäubungsmittel vermeiden – sogar geringer zu sein (vgl. Blair et al. 2014, McKenna et al. 1999) und die Chancen auf die Etablierung eines funktionierenden Stillrhythmus von Mutter und Kind sowie für den Aufbau einer sicheren Bindung zu steigen.

Definition der Begriffe

Risiko ist ein komplexes und unscharfes Konstrukt, das im Alltag meist negativ belegt ist. In der Wissenschaft ist Risiko das Produkt aus (antizipierter) Schadenshöhe und (antizipierter) Schadenswahrscheinlichkeit. Meist wird dabei vernachlässigt, dass Risiko einen ambivalenten Charakter aufweist und eine riskante Handlung nicht nur einen Schaden, sondern auch einen Gewinn hervorbringen kann. Es lohnt sich, den Begriff Risiko von den teils synonym verwendeten Begriffen Gefahr bzw. Wagnis abzugrenzen. Alle drei Begriffe haben etwas mit Unsicherheit und Bedrohung zu tun und infolgedessen mit Scheitern oder Erfolg.

> Wir nehmen Kindern Entwicklungschancen, wenn wir ihre Umgebung von allen Risiken entschärfen.

Allerdings stellt Gefahr eine vom Individuum unbeeinflussbare, tatsächlich existierende Situation mit Schadenspotenzial dar, die als bedrohlich wahrgenommen werden kann (vgl. Hafner 2020). Michael Apter (1994) nennt als Beispiel einen Spaziergang auf der Klippe einer Steilküste, bei der man sich einer Gefahr aussetzt. Die Eintrittswahrscheinlichkeit eines Absturzes mit seinen Folgen determiniert dabei das Risiko. Sich trotz Gefährdung für die aktive Bewältigung dieser Situation zu entscheiden, also die Klippe zu begehen, ist das Wagnis. Wagnis enthält also eine starke persönliche Komponente, der ein individueller, freiwilliger Entscheidungsprozess vorausgeht.

2. Was ist „Risky Play"?

Je jünger die Kinder sind, desto eher entscheiden die Eltern oder andere Bezugspersonen darüber, ob das Eingehen bestimmter Risiken für das Kind akzeptabel ist oder nicht. Könnte man Babys befragen, ob sie bereit wären, gewisse Risiken im Alltag einzugehen oder nicht, bekäme man sicher spannende Antworten. Aber auch wenn man ihr nonverbales Verhalten zu „lesen" versucht, kann man Antworten erhalten, die häufig eine höhere Risikofreudigkeit offenbaren als die ihrer Bezugspersonen. Jeder Drehversuch vom Rücken in Bauchlage beinhaltet anfänglich das Risiko, sich dabei den Kopf anzustoßen, jeder Versuch, sich hinzustellen oder gar zu laufen, birgt das Risiko, auf dem Hosenboden zu landen.

Erstaunlicherweise ist die kindliche Frustrationstoleranz bei solchen selbsttätigen und selbst entschiedenen Erkundungsversuchen sehr hoch. Funktioniert ein erster Versuch des Aufrichtens, Laufens oder Beherrschens einer anderen herausfordernden neuen motorischen Aktivität – etwa dem Balancieren auf einem Laufrad oder einem Skateboard – nicht sofort, werden Schmerz und Enttäuschung oft schnell heruntergeschluckt und ein neuer Versuch wird gestartet. Zu groß ist die Verlockung, einen wichtigen Zugewinn an Erfahrung und eigenem Handlungsrepertoire zu erreichen und als Belohnung des Erfolgs sogar noch vom Gehirn eigens hierfür ausgeschüttete körpereigene Opiate zu erhalten.

Klettern erfordert Mut und Geschicklichkeit.

Natürlich gibt es Situationen, die Risiken beinhalten, welche Kinder aufgrund mangelnder Erfahrung und entsprechend verringertem Weitblick gar nicht in ihrer Eintrittswahrscheinlichkeit und ihren möglichen Folgen abschätzen können. Beim Überqueren einer Straße oder beim Schwimmen im Krippen- und Kindergartenalter ist die Unterstützung der Bezugspersonen noch lange gefragt. Beim Erkunden einer Rutsche oder beim Erklettern eines Baumes dagegen sind Kinder bereits sehr früh so umsichtig, nur so weit zu gehen, wie sie es gerade aufgrund ihrer bereits erworbenen Körpergeschicklichkeit auch bewältigen können.

Kein Kind bringt sich absichtlich in eine Lage, in der es sich ernsthaft verletzen könnte. „Kinder suchen physische Risiken im Spiel. Wesentlich dabei ist, dass Kinder gerade nicht blind Risiken eingehen. Das Risikoverhalten von Kindern ist ein kognitiver Vorgang. Sie wägen bewusst für sich ab zwischen dem Bedürfnis nach Sicherheit und der Aussicht, nach bewältigtem Risiko ein Gefühl großer Freude zu erleben. Das ist sinnvoll, denn Entscheidungskompetenz muss erlernt und geübt werden“ (Richard-Elsner 2018, S. 6).

■ **Beobachtungsbeispiel:** „Emely spielt, inspiriert von Pippi Langstrumpfs Narretei, mit ihren Freundinnen am Spielplatz ‚Nicht den Boden berühren‘. Die Mädchen haben sich dafür eine schmale ‚Straße‘ aus Sand aufgestreut, um verschiedene Spielplatzgeräte, ohne auf das Gras zu treten, zu erreichen. Am Klettergerüst angekommen, hält die Vierjährige plötzlich inne, springt von der ersten Stufe und klettert sogleich wieder hinauf, um den Sprung von immer höheren Stufen zu probieren – eine nach der anderen. Dabei jauchzt sie, während ihre langen Haare lustig hinterherzuhüpfen scheinen. Je höher sie klettert, desto heftiger wird der Aufprall am Hackschnitzelboden und desto länger erscheint das Zögern, bevor sie ihren Körper ein weiteres Mal dem freien Fall überlässt. In Emelys Gesicht und Stimme spiegelt sich ein Mix aus freudiger Aufregung und gleichzeitig besiegter Ängstlichkeit, was jetzt auch ihre Freundinnen zu demselben Spiel mit unzähligen Wiederholungen verlockt“ (Hafner 2020, S. 6). Das Beobachtungsbeispiel zeigt, wie attraktiv die selbstgewählte körperliche Herausforderung für Emely und ihre Freundinnen ist. Gleichzeitig verdeutlicht es, dass Kinder sich immer neue, schwierigere Herausforderungen suchen, sobald sie die ersten Hürden ihres Ursprungsplans überwunden haben – alles, um ihre „Funktionslust“ noch weiter zu steigern. ■

REFLEXIONSFRAGEN

- Wann haben Sie das letzte Mal etwas Riskantes gemacht?
- Was war der Anlass?
- Wie hat es sich angefühlt (Angst, Stolz, Zuversicht, Mut, Zweifel)?
- Was haben Sie dabei (über sich) gelernt?
- Welche Erfahrung nahmen Sie mit?

Warum ist gewagtes Spiel so attraktiv?

Warum ist gewagtes Spiel so attraktiv für Kinder und warum ist in diesen Situationen die Reaktion der begleitenden pädagogischen Fachkräfte besonders wichtig?

Der „innere Antrieb für die freiwillige Auswahl riskanter Spiele liegt in neuroendokrinologischen Reaktionen, die sich als unmittelbare Belohnung in Form von übermäßiger Freude und Aufregung, verbunden mit einer ambivalenten Emotionserfahrung an der Grenze zwischen Spaß und Angst bemerkbar machen" (ebd., S. 6). Auch aktuelle Kinderperspektivenstudien, bei denen 4- bis 6-Jährige aus eigener Sicht etwas über relevante Qualitätsmerkmale einer guten Kita aussagen, ergaben als eine von vier Wohlbefindensdimensionen: „sich herausfordernden, riskanten, ernsthaften und anstrengenden (Selbst-)Bildungsaktivitäten widmen" (Nentwig-Gesemann/Fröhlich-Gildhoff 2022, S. 120).

Als Fachbegriff für diese spezifische Form kindlichen Spiels mit Risikopotenzial hat sich in der Forschung und inzwischen auch in der Pädagogik der englische Begriff „Risky Play" etabliert. Bisweilen findet man in der Literatur und im Internet aber auch die Begriffe wildes, gewagtes bzw. riskantes Spiel. Die theoretischen Grundlagen des Risky Play wurden vor mehr als zehn Jahren von der norwegischen Kindheitspädagogin Ellen Sandseter gelegt (vgl. Kennair/Sandseter 2011). Sie unterstreicht dabei, dass Spiele mit potenziellen physischen Risiken, in denen Kinder zwischen den möglichen Belohnungen und drohenden Gefahren abwägen, ihnen ermöglichen, ihre Risikokompetenz zu entwickeln. Der Erwerb von Risikokompetenz ohne tatsächliche Risikoerfahrung ist nicht möglich. Der Zugewinn an effizienter Risikowahrnehmung und treffsicheren Risikoentscheidungen sind kognitive Leistungen eines Kindes, die die Sicherheit des kindlichen Spiels und weiteren Lebensverlaufs nachhaltig unterstützen und essenziellen Nutzen für eine gesunde physische und psychische Entwicklung haben (vgl. Hafner 2020).

Risikokompetenz ohne Risikoerfahrung?

Die Fähigkeit, mit Risiken umzugehen, ist eine entscheidende Kompetenz für das Gelingen des Alltags (vgl. Richard-Elsner 2013). Leben bedeutet Umgang mit Kontingenzen, das heißt, der Möglichkeit und Notwendigkeit, aus mehreren Alternativen auswählen zu können und zu müssen. Ständig müssen Entscheidungen getroffen werden, deren Folgen ungewiss sind und deshalb vorher abgewogen werden müssen. Risikokompetenz ist also eine Eigenschaft, die im Alltag von Erwachsenen und von Kindern benötigt wird. Risikobetrachtungen orientieren sich

> Der Erwerb von Risikokompetenz ohne Risikoerfahrung ist nicht möglich.

dabei am möglichen Schadensausmaß und der Eintrittswahrscheinlichkeit. Je höher das Schadensausmaß und/oder die Eintrittswahrscheinlichkeit sind, umso mehr sollte man ein Risiko vermeiden. In der Alltagspraxis bestimmt aber meist die subjektive Einschätzung, welche Risiken in Kauf genommen werden. Die subjektive Einschätzung ist dabei sowohl von individuellen Vorerfahrungen des Kindes abhängig als auch von familiären, gesellschaftlichen und kulturellen Haltungen geprägt und nicht zuletzt auch von den Medien beeinflusst. Es gibt die Vorsichtigen, Ängstlichen und auf der anderen Seite die Draufgänger:innen. Jungen lassen sich – unter den aktuell gegebenen Sozialisationserfahrungen (siehe dazu auch Kapitel VII.2) – im physischen Bereich tendenziell auf mehr gefahrenhaltige Situationen ein als Mädchen (vgl. ebd.).

Die Fähigkeit, gute Entscheidungen gerade in risikobehafteten Situationen zu treffen, muss also gelernt und geübt werden (vgl. ebd.). Kinder üben dies vor allem im Umgang mit physischen Herausforderungen und besonders im Spiel, das naturgemäß mit einem ungewissen Ausgang verbunden ist. Damit beinhaltet jede Form des Spiels immer auch ein gewisses Risiko.

Risiko als Chance

Ein Risiko ist also nicht nur ein Wagnis, das Gefahren birgt, sondern gleichzeitig Chance für eine gesunde Entwicklung und Unfallprävention. Die Risikopädagogik fokussiert auf

AUS DER PRAXIS

„Im Krippenalltag habe ich oft beobachtet, wie Kinder (...) den Gleichgewichtspunkt eines Stuhls untersuchen, indem sie (...) an verschiedenen Stellen hin und her klettern. Oftmals schreiten (...) immer wieder Erzieher/innen ein und sagen: ‚Du darfst das nicht, das ist zu gefährlich'. Hier verpasst das Kind die Gelegenheit, durch den eigenen Körper zu erfahren, dass der Stuhl umkippen kann. Die körperliche Erfahrung des Kleinkindes ist wichtig für sein Verständnis gegenüber der Welt. (...) Vielleicht werden wir auch als Erzieher/innen von den Reaktionen der Eltern beeinflusst, wenn das Kind (...) Schrammen hat. Daher ist es wichtig, dass wir professionell erklären können, wie wichtig es ist, ein Lernumfeld für Kinder zu schaffen, in dem die Möglichkeit von ‚Trial and Error' eine der wichtigsten Erfahrungen ist, die Kinder im Gehirn speichern. (...) Genau das ist die Grundlage für jede künftige emotionale, soziale und kognitive Entwicklung. (...) Ein guter Weg, um den Eltern dies zu kommunizieren, könnte (...) sein zu sagen: ‚Heute hat Ihr Kind mit dem Gleichgewichtspunkt des Stuhls experimentiert und hat eine Kompetenzschramme erhalten.' Eine Perspektive wäre, ‚Kompetenzschrammen' als Teil der Entwicklung zu sehen, durch die Kinder aus ihren eigenen Erfahrungen lernen. Natürlich muss (...) die Sicherheit von Kindern immer gewährleistet sein (...)" (Jensen 2019).

die Vorteile von dosierten Risiken im Leben eines Kindes, um präventive Risikokompetenz zu erwerben. Es ist besser, in der frühen Kindheit eine Schramme oder einen blauen Fleck zu riskieren, anstatt im späteren Leben aufgrund mangelnder Erfahrung einen schwereren Unfall zu erleiden. Bewegungssicherheit kann nur durch Bewegung und das Bewältigen von Risikosituationen erlernt werden. Heidi Jensen (2019) spricht bei derlei erworbenen Blessuren sogar von „Kompetenzschrammen“ (siehe Kasten S. 7).

Selbsteinschätzung mittels Fragebogen

Bevor Sie weiter in den Text einsteigen und vielleicht noch etwas genauer darauf schauen wollen, ob und welche Möglichkeiten riskanten Spiels Sie „Ihren“ Kindern im Einrichtungsalltag anbieten und wie häufig die Kinder diese Spielformen bereits nutzen, lohnt es sich, den Fragebogen von Karin Hafner von der Universität Salzburg auszufüllen, den Sie im Anhang dieses Heftes (S. 56/57) finden. Hafner (2020) diente der Fragebogen als Grundlage einer bemerkenswerten Pionierstudie, die erstmals für den deutschsprachigen Raum das Thema „Risky Play“ in der Kita empirisch untersuchte.

3. Völlig risikofreies Spiel gibt es nicht

Jede Form des Spiels ist von Veränderbarkeit, Unvorhersehbarkeit und einem unsicheren Ausgang geprägt und geht demnach immer mit einem gewissen Risiko einher (vgl. Caillois 1958). Um bei Spielen wie Verstecken ins Spielgeschehen überhaupt einsteigen und eventuell gewinnen zu können, muss ein Kind es wagen, seine „Homebase“ zu verlassen und das Risiko des Gefunden- und Abgeschlagenwerdens auf sich zu nehmen. Ein Risiko einzugehen, ist das Kennzeichen vieler Bewegungsspiele, bei denen der Reiz darin besteht, den sicheren Bereich zu verlassen und einer spielerischen Bedrohung erfolgreich zu entkommen, um gestärkt und mit selbst erkämpfter Sicherheit aus einer riskanten Situation hervorzugehen (vgl. Warwitz 2021). Ebenso starten die Spielfiguren des populären Brettspiels „Mensch-ärgere-dich-nicht“ ihre Spielzüge aus einem geschützten Bereich und laufen Gefahr, solange sie nicht das sichere Ziel wieder erreicht haben, aus dem Rennen geworfen – symbolisch geschlagen – zu werden und wieder von Neuem beginnen zu müssen.

Auch viele Bewegungsspiele funktionieren nach ähnlichem Muster, bei dem nach einer spielauslösenden Handlung eine spannungsgeladene Gefährdungssituation eintritt, aber auch Schutzräume bestehen, in denen die Spieler:innen unantastbar sind („Aus“, „Bodde“). Das Risiko dieser spielerischen Auseinandersetzung besteht sowohl im symbolischen Sterben (wenn Spieler:innen „abgeschossen“ werden) als auch im siegreichen Triumphieren. Der ungewisse Ausgang ist dabei neben glücklichen Zufällen von mehreren Faktoren bestimmt wie der eigenen Handlungskompetenz, dem Einsatzwillen und dem taktischen Geschick in diesem riskanten Spiel (vgl. Hafner 2020).

Demzufolge scheint ein gewisses Ausmaß an Herausforderung und Risiko ein ganz natürlicher Aspekt von kindlichem Spiel zu sein. Obwohl Risiko gesellschaftlich meist negativ konnotiert ist, suchen Kinder gewagte Spielsituationen bewusst aus eigener Initiative und nehmen dafür sogar ein gewisses Verletzungspotenzial in Kauf.

Risikodosierung statt Risikominimierung

Sieht man die vielen Chancen für die kindliche Entwicklung und die Unfallprävention, die sich durch das Eingehen riskanter Spielsituationen ergeben, kommt man nicht nur aus Sicht der Kindheitspädagogik, sondern inzwischen auch aus Sicht der Unfallversicherungen zwangsläufig zu dem

EXPERT:INNENSTIMMEN PRO RISIKODOSIERUNG

- „Nicht Risikominimierung, sondern Risikodosierung trägt zu einer aktiven Sicherheitsförderung und der Ausbildung von Risikokompetenz bei“ (Deutsche Gesetzliche Unfallversicherung (DGUV) 2008, S. 6).
- „Das Spielangebot sollte darauf abzielen, die Balance zu halten zwischen der Notwendigkeit, Risiko anzubieten, und der Notwendigkeit, das Kind vor schweren Verletzungen zu schützen.“ Kinder müssen lernen, „mit Risiken fertig zu werden, und das kann auch zu Prellungen, Quetschungen und sogar gelegentlich zu gebrochenen Gliedmaßen führen“ (Vorwort zur EU-Norm der Spielplatzgeräte und Spielplatzböden von 2008).
- „Die Sicherheit des Kindes ist Grundvoraussetzung für seine Bildung, Erziehung und Betreuung. Sie ist bei allen Aktivitäten zu jeder Zeit und in jeder Situation wichtig, aber zugleich nicht in einem umfassenden Sinne nötig. Eine völlig risikofreie Umgebung für Kinder kann es ohnehin nicht geben. Kalkulierbare Gefahrenstellen sind bewusst zuzulassen, sie stellen für Kinder ein Entwicklungspotenzial dar. Kinder entwickeln ihre Kompetenzen in einer Umgebung, die sie zur Auseinandersetzung mit unbekannten Situationen und Risiken herausfordert. Die Forderung nach größtmöglicher Sicherheit ist daher stets abzuwägen mit dem Bedürfnis der Kinder nach anregungsreicher Umgebung, Freiraum in der Alltagsgestaltung und ihrem Recht, selbstbestimmt aktiv zu sein. Eine sichere Lernumgebung darf nicht durch eine zu starke Reglementierung der Kinder, die ihre Erfahrungsmöglichkeiten beschneidet, erkauft werden. Ihre Gestaltung ist daher ein permanenter Prozess, der sich nicht auf das Einhalten von Sicherheitsstandards begrenzt, sondern stets das Alltagsgeschehen und das Verhalten der Kinder im Auge hat. Die Verantwortung hierfür muss allen pädagogischen Fachkräften täglich bewusst und in ihrem Handeln verankert sein“ (BStMAS/IFP 2006, S. 393).

Gewagte Spielsituationen lassen sich auch drinnen aufbauen.

Schluss, dass es nicht um Risikominimierung, sondern um Risikodosierung im Alltag der betreuten Kinder gehen muss. Ziel ist also längst nicht mehr, eine gänzlich unfallfreie Umgebung zu schaffen. Es sollen lediglich Unfälle mit bleibenden Schäden oder Todesfolge verhindert werden. Die meisten Unfälle in Kindertageseinrichtungen sind tatsächlich auf Bewegungsdefizite zurückzuführen, auf mangelnde Körpererfahrung, unzureichende Wahrnehmung und ungenügende Reaktions- und Koordinationsfähigkeit.

Die Sonnenseite des Scheiterns

Riskantes Spiel erweitert aber nicht nur die Risikokompetenz des Kindes und verbessert seine Körperwahrnehmung, sondern führt auch zu einer verbesserten Selbsteinschätzung – gerade auch dann, wenn ein bestimmtes Vorhaben noch nicht gelingt. Auch Peter Neumann (2002) kann „misslungenen" Wagnisspielen eine „Sonnenseite" abgewinnen. Das Scheitern ist eine unentbehrliche Lernerfahrung und aus pädagogischer Sicht wichtig. Fehleinschätzungen des Kindes brauchen eine Korrekturmöglichkeit, damit es mit der Zeit zu einer realistischen Selbsteinschätzung kommen kann. Eine Entwicklungsaufgabe, die gerade im Übergang zum Grundschulalter eine bedeutende Rolle spielt.

> In Kitas ist das Streben nach Sicherheit häufig handlungsleitend.

Risiken einzugehen ist ein Kinderrecht

In kniffligen und herausfordernden Situationen Sicherheit zu erwerben, beim Bewältigen von Risiken Selbstwirksamkeit und Stolz zu erfahren, ist nicht nur ein wichtiges Lernfeld für die Kinder, sondern auch etwas, worauf sie ein Recht haben. Haug-Schnabel (2010) schreibt in einem Positionspapier für die Unfallkasse Nordrhein-Westfalen vom „Recht auf blaue Flecken" und Verena Ahne (2012) vom „Recht auf Schrammen". Janusz Korczak, polnischer Kinderarzt und Pädagoge, der durch seinen engagierten Einsatz für – auch durch das Nazi-Regime verfolgte – (Waisen-)Kinder bekannt wurde, formulierte es bereits 1919 am provokantesten und sprach vom „Recht des Kindes auf seinen eigenen Tod" (2014, S. 40). Mit dieser drastischen Formulierung wollte er einerseits Kindern die Möglichkeit zu autonomen, unter Umständen risikobehafteten Entscheidungen einräumen, andererseits sollen Kinder eigene, wenn auch zuweilen schmerzhafte Erfahrungen machen können. „Durch seine Berufserfahrung lernte er viele Kinder kennen, die in übermäßiger Hygiene und mit sterilen Spielsachen aufwuchsen, in ihrer Isolation jedoch nicht genügend Erfahrungen sammeln konnten" (Allgöwer 2009, S. 2). Damit setzt Korczak das Recht auf Tod mit dem Recht auf Risiko gleich, da jedes Risiko den Tod zur Folge haben könnte. Doch ohne Risiko können Kinder keine eigenen Erfahrungen machen und folglich nichts daraus lernen. Erziehung darf somit nicht allen Wagnissen vorbeugen. Korczak betont: „Aus Furcht, der Tod könnte uns das Kind entreißen, entziehen wir es dem Leben; um seinen Tod zu verhindern, lassen wir es nicht richtig leben" (1980, S. 52).

Mit dieser Aussage fordert Korczak natürlich nicht das Recht für Kinder ein, sich jederzeit völlig gedankenlos in hochriskante Situationen zu begeben, die mit dem eigenen Tod enden könnten, sondern dass das eigene Leben – bei aller Verantwortlichkeit der Erwachsenen – immer noch dem Kind selbst gehört. Die Forderung zeigt deutlich, dass es bereits vor 100 Jahren Eltern gegeben hat, die Kinder als ihren Besitz betrachtet haben, über dessen Handlungsspielraum und Lebensrisiko sie bestimmen dürfen. Moderne Formen der Überbehütung sind in letzter Konsequenz von dieser Einstellung gar nicht so weit entfernt. Kindern möglichst alle potenziellen Risikosituationen vorzuenthalten, damit ihnen nichts passieren kann, gefährdet das Kindeswohl genauso, wie die Aufsichtspflicht zu ignorieren und Kinder immer alles machen zu lassen, was sie wollen, auch wenn sie für manche Situationen mögliche schwerwiegende Folgen noch gar nicht abschätzen können.

Bereits Kleinstkinder fordern sich heraus

Schon das Kleinstkind will Neues ausprobieren, bedeutsame Entwicklungsaufgaben meistern und sich dabei die Welt aneignen. Um seinen Aktionsradius zu erweitern, konfrontiert es sich unermüdlich mit dem Wagnis, selbst wenn es Gefahr läuft, etwa beim nächsten noch wackeligen Schritt auf der Nase zu landen. Wenige Jahre später ist die Attraktivität, einen Baum zu erklettern, einen steilen Abhang zu erklimmen oder mit einem scharfen Schnitzmesser eine Pfeilspitze in den Haselnussast zu schneiden, ungebrochen hoch, genauso wie weiterhin Generationen von fürsorglichen Eltern mit dem Lehrsatz „Messer, Gabel, Schere, Licht sind für kleine Kinder nicht!" ihre Kinder vor jedem Wagnis beharrlich beschützen wollen (vgl. Hafner 2020). Nicht nur im familiären Kontext, sondern auch in frühpädagogischen Bildungseinrichtungen ist das Streben nach Sicherheit häufig handlungsleitend.

Bevor ich an zahlreichen konkreten Beispielen die Chancen und die passende pädagogische Begleitung aufzeige, möchte ich eine Übersicht über die vielen Formen des Risky Play geben – denn dabei geht es nicht nur um das Eingehen körperlicher Risiken, die Palette ist weitaus größer.

4. Formen des Risky Play

Ellen Sandsetter beschreibt in ihrer Doktorarbeit von 2010 die unterschiedlichen Formen des gewagten Spiels, die im Alltag eines Kindes sichtbar werden können. Ihre Darstellung ist sicher erweiterbar, beispielsweise um das Thema Hygienerisiken, aber sie verdeutlicht die vorhandene Bandbreite. Dabei ist allen Formen des Risky Play eines gemeinsam: das Risiko, dass es zu einer Verletzung (oder einem Verlorengehen) des Kindes kommen könnte, aber keineswegs kommen muss.

Alle von Sandseter genannten Kategorien des riskanten Spiels sind für den pädagogischen Alltag in Krippe, Kita und Hort relevant, wenn auch für die verschiedenen Altersstufen in unterschiedlichem Ausmaß. Zum einen fassen die Wagniskategorien Formen des kindlichen Spiels zusammen, deren Verletzungsgefahr darin besteht, dass ein Kind in großen Höhen (z. B. auf einem Baum oder einer Klippe) spielt und hinunterzufallen droht oder mit hohem Tempo rennt bzw. mit einem Fahrzeug, Skateboard oder Schlitten fährt und dabei

FORMEN DES RISKY PLAY

(nach Sandseter 2010, S. 61)

Kategorie	Risiko	Teilaspekte
große Höhen	Verletzungsgefahr durch Fallen	Klettern, Hinunterspringen von festen oder beweglichen Oberflächen, Balancieren auf hohen Gegenständen, Hängen/Schwingen in großer Höhe
schnelle Geschwindigkeit	unkontrollierte Geschwindigkeit kann zu Kollisionen mit etwas oder jemandem führen	Schwingen, Gleiten, Rodeln mit hoher Geschwindigkeit, unkontrolliertes, schnelles Rennen, schnelles Rad- und Skifahren, Skaten
gefährliche Elemente der Natur	Kinder könnten hinein- oder hinunterfallen	Klippen, tiefes oder vereistes Wasser, Feuerstellen
gefährliche Werkzeuge	kann zu Verletzungen oder Wunden führen	Messer, Sägen, Äxte, Seile, Bohrmaschinen etc.
Verschwinden/Verlorengehen	Kinder könnten aus dem Blick der Erwachsenen verschwinden und alleine verloren gehen	alleine die Umgebung erkunden, spielen in unbekannter Umgebung
Balgen und Raufen	sich gegenseitig verletzen	Kampfspiele/Rangeln, Fechten mit Stöcken etc.

Große Höhen sind schaurig und schön zugleich.

mit anderen Kindern oder einem Hindernis zusammenstoßen könnte. Bei der Kategorie „gefährliche Elemente“ liegt das Augenmerk auf Gefahren der Natur wie Klippen, tiefes oder vereistes Wasser oder Feuerstellen, deren Risiko im Abstürzen, Ertrinken oder Verbrennen bestehen. Bei „gefährlichen Werkzeugen“ besteht das Verletzungsrisiko im unsachgemäßen Umgang mit scharfkantigen Gegenständen wie Messern oder Äxten bzw. dem Strangulieren bei Seilen. Und beim unbeaufsichtigten Spiel von Kindern liegt das Risiko im Verlorengehen oder dass etwas Gefährliches passiert, wenn kein Erwachsener ein Auge auf die Kinder hat. In der letzten Kategorie „Balgen und Raufen“ geht es um Kampfspiele mit körperlichem Einsatz oder unter Zuhilfenahme von Stöcken o. Ä., bei denen Kinder sich gegenseitig verletzen könnten.

Risikoberechnung

Um das tatsächliche Risiko in einer gegebenen Situation für eine der Risikokategorien zu berechnen, müssen verschiedene Faktoren berücksichtigt werden. Zum einen sind vorhandene Umgebungsparameter wie Höhe, Hangneigung, Schwierigkeitsgrad, Aufsicht durch Erwachsene, Geschwindigkeit, Zugang zu Werkzeugen, Umzäunung, Gewässer ausschlaggebend für die Quantifizierung des objektiven Risikos, zum anderen die subjektive Risikowahrnehmung des Kindes (vgl. Hafner 2020). Dazu gehört auch, wie sehr das Kind zum Beispiel Höhe und Geschwindigkeit beeinflussen und kontrollieren kann und wie konzentriert und fokussiert es ist – also die bereits vorhandene Risikokompetenz des jeweiligen Kindes. Erst die Kombination und das Zusammenspiel der äußeren und individuellen Faktoren bestimmen ein objektiv kalkulierbares Risiko. Die Berechnung wird noch komplexer bei Spielsituationen, in denen mehrere Risikokategorien gleichzeitig zutreffen, etwa wenn ein Raufspiel auf rutschigem Eis oder in der Nähe einer Feuerstelle stattfindet.

Im Kita-Alltag finden solche Risikokalkulationen natürlich nicht bewusst mit Taschenrechner und Computerprogramm statt, sondern resultieren aus dem Erfahrungswissen der pädagogischen Fachkräfte mit entsprechenden Risikosituationen und intuitiven Wahrscheinlichkeitsabwägungen. Hierbei spielt nicht nur die pädagogische Vorerfahrung aus dem Berufsalltag eine Rolle, sondern auch die persönliche Risikobiografie jeder einzelnen Fachkraft: Klettere ich selbst gerne auf Bäume? Habe ich bislang eher positive oder negative Erfahrungen mit waghalsigen Situationen gemacht? Wie sehr wertschätze ich in der Vergangenheit erfolgreich gemeisterte eigene Risiken, Situationen, in denen ich mich etwas getraut habe?

Pädagogische Zugänge

Eine eigenständige Risikopädagogik für Krippe und Kita ist bislang – zumindest in Deutschland – noch nicht begründet worden. Als in der außerschulischen Kinder- und Jugendarbeit eingesetzter pädagogischer Ansatz, der die menschlichen Bedürfnisse nach Rauscherfahrungen und Risikosituationen berücksichtigt, ist er vor allem durch die Arbeiten von Gerald Koller in Österreich publik geworden. Durch bewusste Auseinandersetzung mit der eigenen Person, dem sozialen Umfeld, der jeweiligen Substanz sowie dem Risikoverhalten soll ein bewusster Umgang mit Rausch und Risikosituationen erreicht werden (vgl. Koller 2005).

Eine eigenständige Risikopädagogik für Krippe und Kita fehlt bislang in Deutschland.

Verwandte Konzepte im außerschulischen Kontext finden sich seit mehr als 50 Jahren in der Abenteuer- und Erlebnispädagogik, die sich aber vor allem an der Arbeit mit Jugendlichen (maximal auch Grundschulkindern) orientieren (vgl. Hahn 1958, Schleske 1977). Die Erlebnispädagogik ist eine in der Reformpädagogik entstandene Form des erlebnisorientierten Lernens, die hauptsächlich in der Natur stattfindet, während Merkmale der Abenteuerpädagogik neue und fremde Elemente sind, wie zum Beispiel das Erleben von Überraschendem, Spielarten von Gefahr sowie ein offener Ausgang (vgl. Hafner 2020). Speziell auf die Erweiterung der Handlungs- und Risikokompetenz und eine realistische Situations- und Selbsteinschätzung – vor allem über besonders gewagte Varianten des Schulsports – fokussiert die sogenannte Wagniserziehung (vgl. Neumann 1999).

> Die Fähigkeit, mit Risiken umzugehen, ist wichtig für das Gelingen des Alltags.

Auch die Natur(raum)- und Waldpädagogik (vgl. Miklitz 2019, Bolay/Reichle 2014) lebt von unfertigen Situationen, einer geringen Raumkonstanz, die immer wieder veränderte Bewegungsherausforderungen bietet und die Auseinandersetzung mit Grenzerfahrungen nötig macht. Natur ermöglicht per se eine größere Vielfalt an gewagten Spielvarianten und bringt die Notwendigkeit mit sich, ständig zwischen Sicherheit und Wagnis auszubalancieren (siehe dazu auch Kapitel VI).

5. Risky Play und Resilienzförderung

Bäume, Treppen und unwegsames Gelände sind primär nicht als Sicherheitsrisiken zu betrachten, sondern als ein Trainingsparcours, dem sich Kinder eigeninitiativ stellen, um ihre Bewegungsfertigkeiten genussvoll zu erweitern und auch den Umgang mit der eigenen Angst kennenzulernen. Gewagte Spiele wirken angstabbauend, als eine Art selbst verabreichter Verhaltenstherapie in kleinen Dosen. Die Kindheitspädagog:innen Kennair und Sandseter (2011) vermuten, dass einer der wichtigsten Aspekte gewagter Spiele ihre antiphobische Wirkung ist. Die Kinder verringern durch das riskante Spiel ihre Angst vor Situationen, die gefährlich waren, als sie noch kleiner waren. Ohne es zu wissen, nutzen Kinder damit eine verhaltenstherapeutische Technik, die zur Behandlung von Angststörungen eingesetzt wird: das Ängstigende in kleinen Schritten anzugehen, um so – mit der Zeit – auch die große Angst überwinden zu können.

Motorische Kompetenz gewinnt ein Kind nur dann, wenn es selbst seine Bewegungsaufgaben wählt, die es auf seine eigene Weise zu lösen versucht. Wenn es an seine Grenzen gehen darf, sie zu erweitern versucht und dabei auch lernt zu akzeptieren, dass diese Hürde, diese Sprosse im Moment noch zu hoch ist. Wenn es die Möglichkeit bekommt, vorhandene Unsicherheiten und Ängste ohne Druck von außen in einer anregend gestalteten Umgebung abzubauen (vgl. Haug-Schnabel/Bensel 2017b).

Wer wagt, gewinnt – aber oft genug klappen die anfänglichen Kletter- oder Feueranzündversuche erst einmal nicht. Kann ein Kind in einer fehlerfreundlichen Lernkultur immer wieder gegen Hürden anrennen, bis es schließlich gelingt, diese zu überwinden, lernt es, mit anfänglichen „Niederlagen" gewinnbringend umzugehen und dass Stehvermögen sich auf lange Sicht auszahlt.

Die Lust am Schaurig-Schönen

Neben dem Erlangen von Risikokompetenz lernen Kinder beim gewagten Spiel auch, mit starken Emotionen umzugehen. Beim gewagten Spiel findet sich eine besondere Gefühlskombination aus hoher freudiger Aufregung und Angst, die entsteht, wenn sich Kinder in ihren Risikospielen kontinuierlich an der Grenze zur Traumazone bewegen und diese auch zeitweise überschreiten (vgl.

INTERVIEW: „MANCHMAL WILL ICH ETWAS ÄNGSTIGENDES SPIELEN, AUCH WENN ICH MICH FÜRCHTE!"

(übersetzt aus Sandseter 2010, S. 55)

M = Maria, 5 Jahre alt; **I** = Interviewerin

M: „Ich habe mich entschieden, sehr beängstigende Dinge zu spielen."
I: „Okay, findest du diese Art von Spiel beängstigend?" (zeigt Bild vom Klettern)
M: „Ja, aber ich will es trotzdem machen!"
I: „Du würdest es trotzdem machen? Warum ist das so?"
M: „Ich finde es sehr lustig!"
I: „Du denkst, es macht großen Spaß, wenn es sehr gruselig ist?"
M: „Ja, das tu ich!"
I: „Warum ist das so?"
M: „Manchmal mag ich es, im Dunkeln zu sein ... obwohl ich Angst vor der Dunkelheit habe ..."
I: „Das tust du?"
M: „Ja!"
I: „Warum machst du es gerne, obwohl du es gruselig findest?"
M: „Es ist einfach so ... ich weiß nicht, warum ... es ist einfach so ..."
I: „Ja, das ist ziemlich seltsam? Wenn du eigentlich Angst hast, es aber trotzdem gerne machst?"
M: „Ja, das ist sehr seltsam." (Maria schaut nachdenklich)

Hafner 2020). Diese bipolare Emotionsempfindung scheint die größte unmittelbare Belohnung für positiv bewältigte riskante Spiele zu sein. An direktem Belohnungsgewinn erfahren Kinder außerdem Spaß, Genuss, Stolz und Unbeschwertheit.

Angst kann also nicht nur bedrohlich, sondern auch lustvoll sein. Ein gewisses Maß an Angst – vor allem, wenn sie kontrollierbar ist – kann als prickelnd erlebt und sogar zur Anregung gesucht werden. Angst aktiviert uns, bringt uns zu schnellerem Nachdenken und deswegen suchen Kinder immer wieder auch gezielt nach ängstigenden, gruseligen Grenzerfahrungen (vgl. Bensel et al. 2020). Angst ist eine wichtige Entwicklungsbegleiterin beim motorischen, geistigen und sozialen Voranschreiten von Kindern. Das zeigt sich besonders in Situationen, die neue motorische Herausforderungen bieten, denen sich die Kinder immer wieder stellen: „Schaffe ich heute die oberste Sprosse der Kletterwand? Fühle ich mich sicher genug? Oder ist meine Angst, runterzufallen oder dort oben dann wie gelähmt festzukleben, noch zu groß?“

Kinder machen bei ihren echten Abenteuern immer wieder eine Gratwanderung: zwischen dem Hochgefühl auf der einen Seite und der Furcht auf der anderen. So gewinnen sie an Sicherheit und wachsen langsam über sich hinaus.

Leben in einer VUKA-Welt

Die Welt, in der Kinder aufwachsen, ist unbeständiger und unvorhersehbarer geworden. Auf eine weltweite Viruspandemie mit zahlreichen Opfern folgte ein schwerer Krieg auf europäischem Boden. Eine neue Ungewissheit und Unsicherheit dringen in unser Leben. Gleichzeitig erleben wir eine neue Form von Ohnmacht, von etwas Bedrohlichem, das nicht greifbar ist (Virus) oder kaum vorstellbar (nach 77 Jahren wieder Krieg in Europa). Wir und unsere Kinder müssen lernen, mit dieser neuen Unvorhersehbarkeit zu leben; neue psychische Bewältigungsfähigkeiten sind dafür nötig. Auch die Kindheitspädagogik verwendet für die neue Lebenssituation inzwischen den Begriff der VUKA-Welt. VUKA steht dabei für die vier Begriffe Volatilität (Unbeständigkeit), Unsicherheit, Komplexität und Ambiguität (Mehrdeutigkeit).

Die Umbrüche und Veränderungen (Klimawandel, politische Instabilität, gesellschaftliche Ungleichheit, Migrationsbewegungen) erfordern ein hohes Niveau an Gestaltungskompetenz (vgl. Singer-Brodowski 2020, S. 7): „Mit Unsicherheit umzugehen, selbstständig Wissen aufzubauen und (…) Wissen zu bewerten, die Fähigkeit, solidarisch mit anderen zu sein, Perspektiven zu übernehmen (…) und Veränderungsprozesse im Alltag wie im größeren gesellschaftlichen Zusammenhang zu realisieren.“

Eltern und Pädagog:innen sollten Kinder dabei unterstützen, zu lernen, mit Unsicherheit umzugehen und das beschriebene hohe Niveau an Gestaltungskompetenz zu erwerben. Kinder müssen deshalb von Anfang an das Gefühl haben, ernst genommen zu werden und im Kleinen die Welt mitgestalten zu können – auch, um die Unvorhersehbarkeit des Lebens besser annehmen zu können.

„Das Leben ist ein Abenteuer. Es steckt voller Überraschungen und es birgt auch Gefahren. Wir können unser Leben als Geschenk annehmen und uns über all das freuen, was es für uns bereithält. Aber wir können es nicht planen und kontrollieren …“ (Hüther 2020, S. 126). Es ist nicht vermessen zu glauben, dass wir Kinder, wenn wir ihnen mehr Erfahrungsmöglichkeiten mit gewagtem (unkalkulierbarem) Spiel ermöglichen und damit die Chance geben, erfolgreich Wagnisse und eigene Ängste zu bewältigen, gleichzeitig auch besser auf eine VUKA-Welt vorbereiten.

6. Ein historisch-kultureller Blick über den Tellerrand

Das „Playground Project“ in Zürich zeigt auf anschauliche Weise, wie sich die Räume für zwangloses Spiel von Kindern über die Zeit verändert haben. Im Rahmen eines außergewöhnlichen Kunstprojekts wurde 2016 in der Kunsthalle Zürich eine Ausstellung über Spielplätze der Welt vor einem halben Jahrhundert gezeigt. „Zwischen 1950 und 1980 war der Spielplatz ein kreatives Labor. In den Städten der Industrienationen entstanden innovative, verrückte, interessante und aufregende Projekte: Landschaftsarchitekten, Künstler, Aktivisten und Bürger wollten Kindern den besten Spielort zur Verfügung stellen und zugleich Gemeinschaft und Stadt neu denken. Heute gibt es in Zürich und anderswo immer weniger wirklich tolle Spielplätze“ (Kunsthalle Zürich 2016).

Ein Videoclip der Kunsthalle Zürich (https://vimeo.com/149865121) hält die Kommentare von Kindern fest, die diese von heutigen Spielplätzen stark abweichenden, deutlich riskanteren Spielplatzfotos beurteilen. Die Kinder waren fasziniert. Die Kunsthalle Zürich realisierte danach mit der Publikation „The Playground Project“ erstmals ein Buch über die schönsten und besten Spielplätze der Welt, damit wir uns von dem damaligen Ideenreichtum und der Risikobereitschaft auch heute noch inspirieren lassen können.

> Die Welt, in der Kinder aufwachsen, ist unbeständiger und unvorhersehbarer geworden.

„Junkyards“

Nicht nur in Europa macht sich die Frühpädagogik Gedanken dazu, wie sie kindliche Lebenswelten wieder spannender und anregender gestalten kann. In Kindergärten israelischer Kibbuzim (Kibbuz = ländliche Siedlung mit kollektiver Wirtschaft und Lebensweise) trifft man gelegentlich

„Junkyards" laden zum kreativen Umgestalten von (Alltags-)Materialien und zum riskanten Spiel ein.

auf sogenannte Junkyards. Auf diesen „Schrottplätzen" entstehen aus Alltagsgegenständen neue Lebenswelten. „Kinder schleppen alte Kunststoffkanister und Holzbretter durch die Gegend, greifen ausrangierte DVD-Player aus verbogenen Stahlregalen oder rollen rostige Metallfässer über den Sandboden. (…) Bewusst eingerichtet, dienen [die Junkyards] als kreative Spielwiese. Die Kinder arrangieren die aussortierten Alltagsgegenstände zu neuen Lebenswelten: Kletterlandschaften, Kochplätze oder Tische zum Zeichnen" (Frank 2015).

Die deutsch-jüdische Pädagogin Malka Haas wanderte 1935 nach Israel aus, wo sie zusammen mit deutschen Freunden den Kibbuz Sde-Eliyahu gründete. Dort entwickelte sie das Erziehungsmodell der „Junkyards". Selbstreflexion und Selbstständigkeit im Erleben des Kindes mit einem deutlichen Interesse an spielerischer Dekonstruktion sollen Raum und Stoff für Selbstbestimmung und Verantwortung schaffen. Die Junkyards der Kindergärten stehen somit in Bezug zum Kibbuz, der als Ort politischer Selbstreflexion und sozioökonomischen Handelns seinen Mitgliedern Raum für Egalitarismus und Gleichstellungsprozesse bieten und durch wirtschaftliche Unabhängigkeit auch zu konkreten materiellen Veränderungen führen soll. In den Kindergärten des Kibbuz sollen Inhalte und Materialien kreativ umgestaltet werden und selbstbestimmte neue Bedeutungen erhalten, während im gesamten Prozess des Spielens eine Adaption des realen Lebens stattfindet.

„Anji Play"

Ein relativ neuer pädagogischer Ansatz, der ebenfalls die Risikokompetenzförderung im Kindergarten unterstützt, ist das chinesische „Anji Play". Anji Play ist ein umfassender Ansatz für frühkindliches Lernen, den Cheng Xueqin während ihrer Amtszeit als Bezirksleiterin für Vorschulerziehung in den letzten 18 Jahren im chinesischen Anji (Kreis der Stadt Huzhou) entwickelt hat. Anji Play ist derzeit der umfassende ganztägige Lehrplan von 130 öffentlichen Kindergärten in Anji, in denen 14.000 Kinder im Alter von 3 bis 6 Jahren betreut werden. Anji Play wird mittlerweile aber auch in Programmen in den USA, Europa und Afrika erprobt.

Anji Play betrachtet das unbegrenzte, selbstbestimmte Spiel des Kindes als die primäre Erfahrung des Lernens, der Entwicklung und des Wachstums. Es ist eine Philosophie und ein pädagogischer Ansatz, bei dem offenes, freudiges Eingehen von Risiken, Überlegungen und tiefes Engagement im Mittelpunkt stehen. Kinder haben beim Anji Play Zugang zu großen, minimal strukturierten und unbegrenzten Umgebungen und Materialien sowie zu umfangreicher und ununterbrochener Zeit, um zusammenzuarbeiten und Probleme lösen zu können.

Kinder in Anji-Play-Programmen reflektieren ihre Erfahrungen täglich, indem sie Zeichnungen ihres Spiels mit dem Titel „Play Stories" erstellen und Gruppendiskussionen und Reflexionen über Fotos und Videos ihres Spiels mit dem Titel „Play Sharing" führen. Play Stories und Play Sharing geben Kindern die Möglichkeit, über ihr Spiel nachzudenken und ihr Lernen, ihre Ansichten und Gefühle auszudrücken. Durch die Erstellung von Play Stories und ihre gemeinsamen Reflexionen über Spielfotos und -videos entwickeln Kinder eine ausgeprägte metakognitive Praxis („Denken über das Denken"), steigern ihre Fähigkeiten zum kritischen Denken, verarbeiten und organisieren ihr erworbenes Wissen über mathematische und wissenschaftliche Prinzipien und bauen ihre Sprach- und Lesefähigkeiten aus.

> Anji Play ist ein pädagogischer Ansatz, bei dem das freudige Eingehen von Risiken eine große Rolle spielt.

II

Große Höhen und rasante Geschwindigkeit

Die gewagte Kombination aus Klettern und Springen ist für Kinder besonders reizvoll, ebenso das schnelle Sich-Fortbewegen. Für all diese Aktivitäten gilt die Devise: zulassen, was Kinder herausfordert, begeistert und an ihre Grenzen bringt; regulieren, was ernsthafte Verletzungen zur Folge haben könnte. Hierfür gibt es Sicherheitshinweise und -bestimmungen der Unfallversicherung.

1. Hinaufklettern und Hinunterspringen

In diese Risikokategorie gehört neben dem Hinunterspringen von festen oder beweglichen Untergründen (z.B. einer Schaukel) und dem Balancieren und Schwingen oder Hängen auf erhöhten Objekten auch das Klettern. Klettern war auch die am häufigsten beobachtete Form des riskanten Spiels in der Pionierarbeit von Sandseter (2010), wobei sie ihre Beobachtungen vor allem im Außengelände durchführte. Kinder verspüren einen unbändigen Drang für die gewagte Kombination aus Klettern und Springen. Sie nutzen, sobald sie eine Gelegenheit dafür finden, erhöhte Stellen in ihrer Umgebung, um von dort aus auf den Boden zu springen. Kinder schätzen diese häufig gewählte Aktivität an der Grenze zwischen Spaß und dem durch das Springen ausgelösten Kontrollverlust selbst als riskant ein. Aber gerade das macht für sie den Reiz dieses Bewegungsspiels aus. Dabei nutzen sie nicht nur dafür vorgesehene Aufbauten in der Bewegungsbaustelle oder Spielgeräte im Außengelände, sondern jede Erhöhung, die sich für einen Sprung anbietet.

Ein Flaschenzug ermöglicht, bis unter die Decke zu bauen und an die eigene Angstgrenze zu gehen.

Im Kita-Alltag sind die erhöhten Stellen, von denen Kinder hinunterspringen dürfen – drinnen wie draußen – stark reglementiert und der Boden, auf dem die Kinder landen, sollte aus Pädagog:innensicht ausreichend gefedert sein. So gibt es Kitas, in denen es selbst in der Turnhalle nur erlaubt ist, bis zur Höhe der vierten Sprosse der Kletterwand hinunterzuspringen. Ein Springen ab der fünften Sprosse ist bereits untersagt. Diese Regel ist jedoch hausgemacht und entspricht keineswegs den Sicherheitsregeln der gesetzlichen Unfallversicherer (siehe Kapitel II.3).

Pädagogische Fachkräfte sollten sich aber nicht nur fragen, ob es genug offizielle Möglichkeiten für die Kinder gibt, jederzeit drinnen wie draußen ihrem Sprung- und Kletterdrang nachzukommen, sondern auch, ob alle sanktionierten Sprung- und Kletterbereiche tatsächlich ein zu hohes Verletzungsrisiko für die Kinder beinhalten oder dadurch eher das eigene Sicherheitsbedürfnis befriedigt wird bzw. vermieden wird, eine ernsthafte, aufwendigere Risikoabwägung durchzuführen, die oft kein pauschales, dauerhaftes und für alle Kinder immer gültiges Ergebnis erzielen wird, sondern immer wieder neu im Team besprochen werden muss. Warum dürfen Kinder nicht von einem Tisch oder einer Spielhütte hinunterspringen, die sie selbst zuvor erklommen haben? Natürlich sollten im Fallbereich keine scharfkantigen oder steinigen Objekte liegen, die die Kinder ernsthaft gefährden könnten.

> Gewagtes Spiel in der Höhe kann auch im Innenbereich der Kita angeboten werden.

Für die Überlegung, ob ein Untergrund „ausreichend" gefedert ist, sollte zudem berücksichtigt werden, dass zumindest ältere Kinder in ihre eigene Risikoanalyse durchaus miteinbeziehen, wie hart der Untergrund ist und damit auch die Landung sein wird. Jedes Kind verfügt über ein wachsendes Körperwissen („Embodied Knowledge"), das es ihm ermöglicht, viel früher, als es physikalische Regeln sprachlich formulieren kann, dieses korrekt für seine Handlungskompetenz zu nutzen.

Gewagtes Spiel in der Höhe kann aber nicht nur im Außenbereich angeboten werden, auch im Baubereich lassen sich die Herausforderungen an Mut, Geschicklichkeit und Koordination steigern, wenn beispielsweise Leitern oder ein Flaschenzug mit Klettergeschirr eingesetzt werden, um ganz bis zur Decke bauen zu können.

2. Risikoarme Umgebung macht unvorsichtig

Der Versuch, der kindlichen Umgebung ihre Risiken zu entziehen, kann durchaus anders ausgehen, als man es sich gewünscht hat. So stieg nach der Einführung stoßdämpfender Untergründe auf Spielplätzen in England und Australien die Zahl der kindlichen Knochenbrüche an und nahm nicht etwa ab, wie es sich die initiierenden Versicherungsunternehmen von dieser baulichen Veränderung versprochen hatten (vgl. Ball 2007). Die Kinder glaubten offensichtlich, der weiche Boden sei sicherer, als er tatsächlich war, und sprangen von zu riskanten höheren Stellen hinunter. Bei harten Böden wissen sie dagegen, dass der Aufprall schmerzt – und sind dementsprechend vorsichtiger. Der Risikoforscher Ball erklärt diesen Umstand mit der sogenannten Risiko-Kompensations-Hypothese. Demnach erhöhen Kinder das Risiko im Spielverhalten, wenn sie mit einer sicher erscheinenden Umgebung konfrontiert sind und passen es an ihre individuelle Risikowahrnehmung an. „Öde Spielgeräte etwa beginnen Kinder gerne gefährlich zweckzuentfremden, sie balancieren beispielsweise auf dem zu niedrigen Gerüst ganz oben. Auf einem herausfordernd hohen täten sie das nicht“ (Ahne 2012, S. 30). Ein vermeintlich risikoarmer regulierter Spielplatz kann also durchaus mehr echte Gefahren bergen als ein Kletterbaum im unregulierten Wald.

SELBST AUFGESTELLTE VERBOTE ZWEIER KITAS

Es ist verboten,

- die Rutsche hochzuklettern;
- rückwärts zu rutschen;
- zu zweit zu rutschen;
- die Rutsche als Rampe für Gegenstände zu nutzen;
- vom Klettergerüst zu springen;
- Sandspielzeug außerhalb des Sandkastens zu nutzen, dazu zählen auch Schaufeln;
- mit Rollern, Drei- und Fahrrädern außerhalb der gepflasterten Fläche zu fahren;
- außerhalb des Bolzplatzes Fußball zu spielen;
- Bäume hochzuklettern;
- Stöcke oder Äste abzubrechen;
- im bepflanzten Teil zu spielen;
- mit Sand außerhalb des Sandkastens zu spielen;
- mit Wasser zu spielen (nur an heißen Sommertagen erlaubt);
- Getränkekisten und Reifen auf die Rutsche zu schleppen oder unter die Klettergerüste zu legen;
- Gegenstände von den Klettergerüsten zu werfen;
- Reifen auf den Dreirädern zu transportieren;
- Dreiräder miteinander zu verbinden;
- den großen Kreisel, Gartenmöbel oder Dreiräder in den Sandkasten zu tragen;
- mit Sand zu werfen;
- auf das Häuschen zu klettern, das dicht am Rand steht;
- über den Zaun zu klettern oder Spielzeug darüberzuwerfen;
- aus der schaukelnden Nestschaukel zu springen.

Quelle: www.kigasite.de/t/was-kindern-heute-alles-verboten-wird.44974/

3. Klettern

Klettern macht Spaß und ist ein kindliches Grundbedürfnis. „Es gibt wenige Bewegungsformen, bei denen Kinder ihren Körper besser kennenlernen, Körperkraft erlangen und Geschicklichkeit schulen können“ (DGUV 2016, S. 5). Klettern fasziniert dadurch, dass sich die Kinder freiwillig Wagnissituationen aussetzen, Freude und Ängste dabei erfahren und lernen, Letztere zu bewältigen. Überraschenderweise ist Klettern eine der sichersten Bewegungsaktivitäten überhaupt (vgl. Breithecker in Ahne 2012), da die Kinder sich der Gefahr wohl bewusst sind und deswegen von vornherein sehr vorsichtig agieren, die nächste Stelle am Baum oder an der Kletterwand genau prüfen, bevor sie ihren sicheren Halt mit der Hand oder dem Fuß verlassen und einen neuen, höher gelegenen Halt suchen.

> Klettern ist eine der sichersten Bewegungsaktivitäten überhaupt.

Um einen ausreichenden Fallschutz zu haben, liegt die maximale Kletterhöhe (Fallhöhe) in deutschen Kitas nach Ansicht der Deutschen Gesetzlichen Unfallversicherung (DGUV) – je nach (stoß)-dämpfendem Untergrund – bei drei Metern; dies gilt für Bäume genauso wie für Spielplatzgeräte. Oft wird ein Absperrband um den Baumstamm in dieser Höhe angebracht, um den Kindern bereits optisch zu signalisieren: bis hierhin und nicht weiter. Dabei gilt es aber auch, tiefer liegende morsche Äste zu entfernen, Fangstellen zu sichern und den Untergrund daraufhin zu prüfen, ob der Fallbereich stoßdämpfend und frei von Gegenständen und herausstehenden Wurzeln ist (vgl. DGUV 2020b). Die DGUV möchte dadurch ernsthafte Verletzungen der Kinder vermeiden und gleichzeitig einen echten Erfahrungsgewinn durch ein herausforderndes Kletterangebot ermöglichen. Sie empfiehlt sogar einen niedrigen Astansatz, um den Klettereinstieg zu erleichtern (vgl. DGUV 2020a).

Pädagogisch widersinnig ist es dagegen, wenn Team oder Träger die Sicherheitsregeln der DGUV noch übertreffen wollen und das Grenzband bereits bei einem Meter Höhe anbringen oder gar das Baumklettern komplett verbieten und dafür teils sogar die unteren Äste entfernen, damit es den Kindern nicht mehr möglich ist, über diese auf den Baum zu gelangen. Solche unpädagogischen, risikominimierenden Entscheidungen offenbaren, dass Team und/oder Träger die Bildungschancen gewagten Spiels nicht verstanden haben oder ihre Angst zu groß ist, gegenüber den Eltern etwaige Blessuren oder zerrissene Kleidung ihres Kindes erklären zu müssen.

Seilklettern auch in der Kita: Gut gesichert bis nach ganz oben gelangen.

Bouldern und Kletterwände

Bouldern (engl. boulder = Felsblock) ist ein zunehmend beliebter Freizeitsport, der seit einigen Jahren auch in Kitas und Schulen Einzug hält. Laut Definition bezeichnet Bouldern das Klettern ohne Kletterseil oder -gurt an Felswänden oder künstlichen Kletterwänden bis zur Absprunghöhe. Absprunghöhe meint dabei die Höhe, aus der noch ohne echtes Verletzungsrisiko zum Boden abgesprungen werden kann. In Kitas findet das Bouldern meist an künstlich aufgestellten Kletterwänden statt bis zu einer Absprunghöhe von zwei Metern (bei Erwachsenen vier Metern). Beim Klettern an höheren „Vorstiegswänden" (>2 m) handelt es sich nicht mehr um Bouldern, sondern um Seilklettern und die kletternde Person wird von einer anderen über Klettergurt, Sicherungsseil und -gerät gegen Absturz gesichert (vgl. DGUV 2016). Für das Bouldern besteht keine besondere Aufsichtspflicht, aber es gibt natürlich einige sicherheitstechnische und organisatorische Anforderungen, die bereits in der Vorbereitungs- und Planungsphase zu erfüllen sind (vgl. ebd.).

WICHTIGE HINWEISE DER DGUV ZUM BOULDERN

(vgl. DGUV 2016; siehe auch spezielle DIN-Norm (DIN EN 12572-2)

- Für Kitas und Schulen wird empfohlen, die maximale Fallhöhe von 2 m nicht zu überschreiten.
- Es muss genügend Platz für Kletter- und Aufprallfläche vorhanden sein.
- Die Aufprallfläche muss eben und hindernisfrei sein und sollte zwischen 1,50 m (<1,80 m Fallhöhe) bzw. 1,83 m (2 m Fallhöhe) lang sein.
- Die Bodenbeschaffenheit der Aufprallfläche ist abhängig von der Fallhöhe:
  - 0–60 cm: keine besonderen Anforderungen
  - 60 cm–1 m: dämpfender Untergrund (Rasen, Oberboden)
  - >1 m: stoßdämpfender Untergrund nach DIN EN 1176-1 (z. B. Rindenmulch, Kies, Sand)
- Griffgröße und -anordnung müssen geeignet sein; Griffe und Tritte sind vom Fachhändler im Raster (20 x 20 cm) anzulegen.
- Es darf nicht zu eng neben- oder übereinander gebouldert werden; niemand darf unterhalb des bouldernden Kindes stehen.
- Es sollte besser hinuntergeklettert statt abgesprungen werden (wenn doch, möglichst auf geschlossenen Füßen landen und abrollen).

Wie bei allen Spielen wollen Kinder auch beim Bouldern, wenn sie ein Spiel- oder Bewegungsprinzip „verstanden" haben, den Schwierigkeitsgrad erhöhen, um den Nervenkitzel wieder zu fühlen. Dies lässt sich leicht durch die Einführung eines gemeinsamen Boulderspiels erreichen (vgl. DGUV 2016), zum Beispiel dem

„Schwänzchen fangen", bei dem sich alle Kletternden ein Seil in die Hose stopfen, das man an der Boulderwand versuchen muss, sich gegenseitig während des Kletterns abzuziehen.

4. Trampoline

Trampolinspringen ist gesundheits- und entwicklungsfördernd und wirkt sich positiv auf kindliches Koordinationsvermögen, Kraftausdauer und Körpergefühl aus (vgl. DGUV 2021a). Für den Einsatz im Kitabereich werden allerdings nur Außentrampoline und Gymnastiktrampoline empfohlen. Tisch-, Garten- und Freizeittrampoline werden von der DGUV aufgrund der hohen Anforderungen und der erhöhten Unfallgefahr für den Einsatz in Kitas und Schulen für ungeeignet gehalten.

Da Trampoline aufgrund ihrer speziellen Eigenschaften und ihrem Gefährdungspotenzial als Sportgeräte eingestuft werden, erfordert ihre Nutzung besondere organisatorische und sicherheitstechnische Rahmenbedingungen und Regelungen. So braucht es für den Einsatz eines Trampolins eine qualifizierte Fachkraft und auch eine Aufsicht am Gerät (vgl. ebd.). Bereits beim Kauf müssen DIN-normgerechte Geräte (DIN EN 13219:2009-02) und CE-gekennzeichnete Geräte ausgewählt werden, die regelmäßig kontrolliert, geprüft und gewartet werden müssen.

Eine weitere Regel der DGUV (2021a) sieht vor, dass nicht mehrere Personen gleichzeitig das Trampolin nutzen sollten. Nur in Ausnahmefällen – etwa im therapeutischen Bereich – sind gezielte Partner- und Gruppenübungen möglich. Diese Regelung berücksichtigt allerdings zu wenig, wie wichtig im Bereich von Bewegungsspielen das gemeinsame Tun und auch die durchaus herausfordernde Abstimmung der beteiligten Kinder sind und welche wertvollen pädagogischen Anregungen sich hierdurch ergeben können. Da eine Aufsicht am Gerät durch die pädagogische Fachkraft sowieso erforderlich ist, kann diese sich möglicherweise ergebenden zu hohen Risiken durch das gemeinsame Springen der Kinder leicht entgegenwirken.

SICHERHEITSREGELN FÜR DIE NUTZUNG VON TRAMPOLINEN

(vgl. DGUV 2021a, S. 13)

- Ebenerdige, standsichere Aufstellung;
- Bereich unterhalb des Trampolins ist frei von Hindernissen;
- funktionelle Kleidung, geeignetes Schuhwerk, kein Mitführen von zerbrechlichen oder scharfkantigen Gegenständen und keine Lebensmittel im Mund (Gefahr des Verschluckens);
- mind. 1,50 m Freiraum um das Gerät herum (auch über dem Trampolin);
- Bodentrampoline (Grubentrampoline) im Außenbereich benötigen eine Umrandung und sollten innerhalb stoßdämpfender Untergründe eingelassen werden;
- Rücken- oder Bauchsprünge sowie Salti sind verboten;
- keine Nutzung im Außenbereich bei Regen oder Schnee.

Der Kitzel wird durch unterschiedliche Absprunghöhen noch gesteigert.

5. Hohe Geschwindigkeit

„Rast nicht so!" Im Flur oder Gruppenraum, selbst im Bewegungsbereich ist dieser Ausruf immer wieder von pädagogischen Fachkräften zu hören, die ein Sturz- oder Kollisionsrisiko der Kinder minimieren oder den Lärmpegel reduzieren wollen. Dabei ist nicht nur, zum Beispiel beim Fangenspiel, der Rausch der selbst erzeugten Geschwindigkeit ein großartiges Gefühl für die Kinder. Zu spüren, wie schnell sie sich inzwischen – wenige Monate oder Jahre nach dem mühevollen Laufenlernen – fortbewegen können, das spannende Messen mit anderen rennenden Kindern spornt sie zusätzlich

Die Sprunghöhe wird nach individueller Risikobereitschaft gewählt.

an. Um das Toben und Rennen von Kindern nicht aufgrund stressenden Lärms unterbinden zu müssen, sollte bereits bei der Planung oder Nachbesserung von Funktionsräumen, aber auch von Flur- und Bewegungsbereichen auf größtmögliche Schalldämmung geachtet werden, das heißt: schallisolierende Decken (z. B. mit Deckensegeln), Bodenbeläge wie Kork, Sisal, Teppich oder Holz, Wände mit schallschluckenden Anstrichen (z. B. Sajade) und offenporiges (unlackiertes) Holz, um nur einige Möglichkeiten zur Schalldämmung zu nennen.

DIE BOBBYCAR-RAMPE

Im Kinderhaus Bernhard von Baden in Freiburg gibt es eine Bobbycar-Rampe mit unterschiedlich hohen Einstiegsstellen für die Kinder. Sie müssen zuerst die steile Rampe mit ihrem Fahrzeug selbstständig hochklettern, um dann von oben loszurollen. Die Erfahrung zeigt: so hoch, wie ein Kind klettern kann, so gut schafft es auch die anschließende Abfahrt. Wenn dem Kind heute ganz oben noch zu hoch und die Abfahrt zu gewagt ist, steigt es einfach weiter unten ein und kommt trotzdem zu seiner Fahrt (siehe dazu auch Kapitel III.1). Ein Bobbycar-Parcours mit unterschiedlichen Schwierigkeitsgraden lässt sich auch leicht in der Turnhalle aufbauen.

Diese Risky Play-Kategorie umfasst alle Aktivitäten, bei denen Kinder aufgrund hoher Geschwindigkeit die Kontrolle über ihren Körper zu verlieren drohen, etwa beim Rad- oder Skateboardfahren, wenn sie einen steilen Abhang hinunterrutschen oder -laufen, beim schnellen Schwingen an einem Seil oder beim Skifahren. Das hohe Tempo wird von Kindern nicht nur als risikoerhöhend wahrgenommen, sondern auch bewusst eingesetzt, um den „Thrill“ zu steigern (vgl. Hafner 2020). Grundsätzlich gilt auch hier die Devise: zulassen, was Kinder herausfordert, begeistert und an ihre Grenzen bringt; regulieren, was ernsthafte Verletzungen mit sich bringen könnte.

Das schnelle Fahren auf einem (Liege-)Dreirad, Bobbycar, Roller oder Laufrad ist kein Problem, wenn nicht die Fahrstrecke permanent von Kindern gekreuzt werden muss, die vom Innenbereich zu einem der Spielgeräte oder von einem Spielbereich zum nächsten wechseln wollen. In solchen Schnittstellen sollte das Tempo reduziert oder anderweitig reguliert werden (z. B. „Zebrastreifen“). Im besten Fall hat eine Fahrstrecke wenig bis keine Schnittstellen.

Inliner und Skateboards ermöglichen mehr gewagtes Spiel als ein klassisches Kindergartenfahrzeug und sollten in der Kita deshalb nicht fehlen. Bereits interessierte Krippenkinder können mit dem Skateboard erste Erfahrungen mit Balance und Koordination sammeln. Umstritten ist das Tragen von Helmen beim Roller- und Laufradfahren. Wenn ein häufiger Wechsel von Spielsituationen erfolgt, können Helme eher schaden als nutzen. Denn auf Klettergeräten besteht eine erhebliche Gefahr, dass Helm tragende Kinder mit dem Helm in Kletternetzmaschen oder an Fangstellen hängen bleiben und sich strangulieren (vgl. DGUV 2020a).

III

Außenspielflächen und Spielplatzgeräte

Kinder wollen Spiel(platz)geräte vielseitig nutzen und dabei Wagnisse eingehen. Wie viel Freiheit dürfen Fachkräfte ihnen dafür einräumen? Und wer bestimmt eigentlich die Nutzungsregeln? Auch hier gilt es, das richtige Maß an Sicherheit und Risiko zu finden.

1. Planung und Gestaltung

Bei einer professionellen Planung von Außenspielflächen von Kitas und Horten geht es keineswegs darum, jedes Verletzungsrisiko auszuschließen. Die Aneignung von Risikokompetenz ist ein zentraler Baustein der Sicherheitsförderung (vgl. DGUV 2020a). Im Rahmen der Sicherheitsförderung geht es um die Gestaltung von kalkulierbaren bzw. dosierten Risiken. Dabei handelt es sich um die Schaffung solcher pädagogisch gestalteter Situationen, die eine realistische Bewältigungschance und keine gravierenden negativen Konsequenzen im Sinne von schweren Verletzungen beinhalten. Bei der Schaffung einer förderlichen Lernumgebung im Außenbereich gilt es, drei zentrale Aspekte zu berücksichtigen (vgl. ebd.):

- eine fachgerechte und verantwortungsbewusste Planung,
- der Norm entsprechende Spielplatzgeräte,
- eine situations- und entwicklungsgerechte Aufsicht.

Auch bei der Gestaltung des Außengeländes geht es darum, eine anregungsreiche und gesunde Entwicklung des Kindes zu ermöglichen und dabei das richtige Maß an Sicherheit und Risiko zu finden.

Schon bei der Planung sollte einerseits die fachliche Expertise ausgewiesener Raumpädagog:innen und pädagogisch versierter Architekt:innen genutzt werden, sollten Expert:innen der Unfallversicherungen Gehör finden, aber nicht zuletzt auch die Kinder beteiligt, ihre Wünsche und Ideen gesammelt und – wo möglich – umgesetzt werden. Um der Vielfalt der Kinder gerecht zu werden und inklusiven Ansprüchen zu genügen, ist es zwingend erforderlich, die Bedürfnisse aller Kinder in den Blick zu nehmen, egal wie alt sie sind, welchen Entwicklungsstand sie aufweisen, wie bewegungssicher sie sind und welche besonderen Bedarfe bzw. körperlichen Benachteiligungen sie mitbringen (siehe auch DIN 3342 „Barrierefreie Spielplatzgeräte"). Sich dabei immer wieder an dem pädagogischen Prinzip von Matrosen- und Piratenwegen zu orientieren, kann dabei hilfreich sein (siehe dazu Kapitel III.2).

2. Matrosen- und Piratenwege

Nicht jedes Kind ist sportlich, aber jedes Kind will sich bewegen und immer Neues dazulernen. Eine neue Spielplatzphilosophie sieht vor, dass es mehrere Wege zum Erfolg geben muss, um mit unterschiedlichem Anforderungsgrad „ganz nach oben" und wieder hinunterzukommen – und zwar ohne Gesichtsverlust, ohne Versagensängste, ohne Versagergefühle (vgl. Haug-Schnabel/Bensel 2015). Unbedachte Kommentare der Erwachsenen, wie beispielsweise „Luca, geh bitte zur Seite, wenn du dich wieder nicht traust; du stehst den anderen Kindern, die hochsteigen wollen, im Weg", wirken desillusionierend, schwächen und haben durchaus Mobbingcharakter. Derartige Situationen sind pädagogisch höchst anspruchsvoll, entzerren sich aber automatisch, wenn Bewegungsparcours so konzipiert sind, dass sie mit unterschiedlichen Schwierigkeitsgraden durchlaufen werden können, sodass Luca erste positive Erfahrungen auf der selbst gewählten, weniger anspruchsvollen Tour sammeln und dennoch mit den anderen strahlend ganz oben stehen kann.

> Bei der Planung sollten die Bedürfnisse aller Kinder in den Blick genommen werden.

Matrosen- und Piratenwege können spontan bei tagesaktuellen Angeboten – wie zum Beispiel einer mittels Schuhkartons im Flur aufgebauten Sprunghürde mit verschiedenen Höhen (siehe Foto S. 20) – geschaffen oder bereits im Innen- oder Außenbereich fest eingebaut oder aufgestellt werden. Beispielsweise bietet die Krippe Tornquiststraße in Hamburg Kindern drei verschiedene Zugangswege zum Haus an: eine Rampe, einen Parcours mit kleinen Hindernissen und eine Rutsche. So kann jedes Kind jederzeit selbst entscheiden, zu welcher Herausforderung es sich heute berufen fühlt. Es sollte allen Kindern, um Selbstwirksamkeitserwartung und Kontrollüberzeugung im Kita-Alltag zu fördern, ermöglicht werden, Ziele durch eigene Anstrengungen zu erreichen, eigene Stärken und Grenzen kennenzuler-

WICHTIGE AUFLAGEN FÜR AUSSENSPIELFLÄCHEN UND SPIELPLATZGERÄTE

(vgl. DGUV 2020a, S. 9f.)

- Spielplatzgeräte müssen den Anforderungen der DIN EN 1176 („Spielplatzgeräte und Spielplatzböden") entsprechen und, soweit barrierefrei, der DIN 33942 („Barrierefreie Spielplatzgeräte").
- Die Spielplatzgeräte müssen je nach Fallhöhe auf stoßdämpfendem Bodenmaterial aufgestellt werden.
- Insbesondere bei Spielangeboten für Krippenkinder muss gewährleistet sein, dass die pädagogischen Fachkräfte bei Bedarf immer Hilfestellung geben können.
- Bei der Gestaltung der Spielbereiche sind die Anforderungen an die Aufsichtsführung zu berücksichtigen.

nen und wie man auf unterschiedlichen Wegen zum selben Ziel gelangen kann.

3. Allgemeine Hinweise

Um den unterschiedlichen Bedarfen der Kinder gerecht zu werden, ist eine Spielfläche mit mehreren kleineren Spielangeboten einer einzelnen Großanlage vorzuziehen (vgl. DGUV 2020a). Dadurch werden die Bewegungsaktivitäten der Kinder entzerrt und die Unfallwahrscheinlichkeit wird gesenkt. Zudem kann die Sicherheit verbessert werden, wenn in dem Bereich der Hauptlaufrichtungen keine Spielplatzgeräte mit hoher dynamischer Bewegung wie Schaukeln aufgestellt werden. Schaukeln, die im Randbereich aufgestellt sind, verringern die Wahrscheinlichkeit, dass Kinder in den Schaukelbereich hineinlaufen.

4. Erkennbare und versteckte Risiken

Erkennbare Risiken wie das Klettern auf ein erhöhtes Podest oder einen Baum sind reizvolle, entwicklungs- und gesundheitsförderliche Angebote in einer Kita, die allerdings so abgemildert werden sollten, dass das verbleibende Restrisiko akzeptabel bleibt; das heißt, dass keine schweren Verletzungen vorkommen können (vgl. DGUV 2020a).

Versteckte Risiken dagegen, die zu einer erheblichen Gefährdung der spielenden Kinder führen, weil diese die Risiken nicht adäquat einschätzen können, sollten durch sorgfältige Planung und Konstruktion bzw. Wartung und Pflege von Spielplatzgeräten ausgeschlossen werden. Hierzu zählen etwa das Einklemmen des Kopfes an Spielplatzgeräten in Verbindung mit einem möglichen anschließenden Absturz sowie das Verfangen von Schnüren und Feststellern von Jacken. Für Krippenkinder sollte deshalb der Abstand zwischen Gitterstäben höchstens 8,9 cm betragen, damit nicht versehentlich der Körper hindurchrutscht, aber der Kopf hängen bleibt (bei älteren Kindern max. 11 cm).

> Versteckte Risiken können zu einer Gefährdung der spielenden Kinder führen.

Von großer Bedeutung sind die Berücksichtigung der Frei- und Fallräume der Spielplatzgeräte, die Erfüllung der Anforderungen an Böden sowie Maßnahmen zur Absturzsicherung und der Vermeidung von Fangstellen (vgl. ebd.). Das Hinunterfallen eines Kindes von einem Spielplatzgerät ist trotz Brüstungen und Absturzsicherungen nicht auszuschließen. Deshalb ist ein (stoß)dämpfender Bodenbelag bei einer möglichen Fallhöhe von ein bis drei Metern gefordert, um schwere Verletzungen zu vermeiden.

Gerätespezifische Hinweise

Die DGUV gibt in ihrer Informationsbroschüre viele wichtige gerätespezifische Hinweise, die Grundlage sind für eine Begutachtung vor Ort bei einem Neu- oder Umbau (vgl. DGUV 2020a). Es lohnt sich bereits bei der Planung, aber auch bei der nachfolgenden Pflege und Wartung der Spielgeräte, sich diesbezüglich zu informieren und die angegebenen Hinweise zu Schaukeln, Wipptieren, Rutschen, Kletterelementen, Rampen, Karussells etc. zu berücksichtigen.

Auch bezüglich der Geländegestaltung finden sich zahlreiche Hinweise zu Kletterbäumen, Bewegungsbaustellen, Fahrstrecken, Wasser-/Matschbereichen etc., die keineswegs darauf

ALLGEMEINE HINWEISE FÜR SPIELPLATZGERÄTE

(vgl. DGUV 2020a, S. 13 ff. vgl. auch DIN EN 1176)

- Je nach Bodenbelag ist eine unterschiedliche Fallhöhe vom Spielgerät bzw. Mindestfüllhöhe des Bodenbelags zugelassen:
  - Stein/Asphalt (60 cm),
  - dämpfender Oberboden (1 m),
  - dämpfender Rasen (1,50 m),
  - stoßdämpfender Rindenmulch, Holzschnitzel, Sand, Kies (2 m Fallhöhe möglich bei einer Füllhöhe von 30 cm, 3 m Fallhöhe bei einer Füllhöhe von 40 cm).
- Je nach Fallhöhe sind Handläufe, Geländer oder Brüstungen als Absturzsicherung anzubringen. Brüstungen müssen mind. 70 cm hoch sein und dürfen keine horizontalen Teile haben, die zum Aufsitzen oder Klettern ermutigen.
- Für Kinder ab 3 Jahren gilt: Bei einer Fallhöhe zwischen 1 m und 2 m muss ein Geländer (mind. 60 cm hoch, nicht höher als 85 cm) und ab 2 m Fallhöhe eine Brüstung vorhanden sein. Wenn Spielplatzgeräte von unter 3-Jährigen genutzt werden, müssen bereits ab 60 cm Fallhöhe Brüstungen vorhanden sein.
- Stellen Spielplatzgeräte für Kinder unter 3 Jahren besondere Gefahren dar, muss deren Zugang durch einen Eingangsfilter erschwert werden. Dies kann beispielsweise bei Leitern durch eine Einstiegshöhe von 40 cm für die unterste Sprosse erreicht werden. Zugänge zu Rampen sind erschwert, wenn der Winkel zur Horizontalen über 38° beträgt. Bei Podesten ist der Zugang erschwert, wenn das Podest mindestens 60 cm über dem Untergrund liegt.
- Für Kinder, die noch nicht sicher gehen können, wird eine maximale ungesicherte Absturzhöhe von ca. 20 cm empfohlen, für 1- bis 2-Jährige, die schon sicher und stabil gehen können, eine von 40 cm.

hinwirken sollen, jegliche Risiken hinsichtlich Material (z. B. Klettersteine und Steinlandschaften) und Bodengestaltung (z. B. Hügel und Brücken) zu vermeiden, jedoch ernsthafte (versteckte) Verletzungsgefahren auszuschließen.

Insbesondere Hügel bzw. Geländemodellierungen werden als hervorragende Elemente betrachtet, um naturnahe Spielräume zu gestalten, die im Gegensatz zu den vielfach anzutreffenden ebenen und wenig strukturierten Geländen multifunktionale Spiel- und Nutzungsmöglichkeiten bieten (vgl. ebd.). In Kombination mit Spielgeräten wie Röhren und Rutschen entstehen auf diesem Weg jedoch Spiel- und Bewegungsangebote, die besonders gestaltet und gesichert werden müssen.

5. Nutzungsregeln

Die Unfallversicherungen geben den Trägern viele Hinweise zu Spielflächen und Spielplatzgeräten, halten sich jedoch bei der Vorgabe von Verhaltensregeln bei deren Nutzung eher zurück. Die Regeln zur Nutzung von Geräten stammen meist vom jeweiligen Team und dem Träger und entwickeln sich im Laufe der Jahre auch in Abhängigkeit von erfolgten (Beinah-)Unfällen, der persönlichen Risikobereitschaft der einzelnen pädagogischen Fachkraft und der Bereitschaft, sich mit den (teils besorgten) Eltern auf die Diskussion über Schrammen oder verschmutzte und zerrissene Hosen einzulassen und den eigenen risikopädagogischen Standpunkt zu erläutern (siehe dazu auch Kapitel VII).

Manche Teams regulieren die Schaukelhöhe der Kinder, weil sie einen zu hohen Absturz befürchten oder gar einen Überschlag. Ein Überschlag ist allerdings nur mit Schaukeln möglich, die starr an Stangen aufgehängt sind, so etwa beim Kiiking (Sportschaukeln). Ist ein ausreichender Fallschutz (und Freiraum um die Schaukel herum) vorhanden, wird selbst bei einem sehr unwahrscheinlichen Fallen aus Höhe der Seilanbringung die maximale Fallhöhe von 2 bis 3 Metern noch eingehalten und eine schwere Verletzung des Kindes damit vermieden.

Auch beim Rutschen ist die stetige Steigerung der Herausforderung und damit des Nervenkitzels bei den Kindern gut beobachtbar. Während anfänglich bereits der reguläre Aufstieg bis zur Standfläche und danach das Loslassen der Umrandung und das tatsächliche Anrutschen in den „Abgrund" schon allen Mut der Kinder herausfordern, werden die Bewegungsabläufe nach einigen bestandenen Mutproben immer schneller und zielgerichteter, um mit möglichst viel Tempo und in kurzer Zeit unten anzukommen. Wie immer, wenn Kinder ein Bewegungsprinzip verstanden und den Bewegungsablauf verinnerlicht haben, versuchen sie danach, den Nervenkitzel wieder herzustellen, indem sie etwas Neues, Schwierigeres probieren: auf dem Bauch zu rutschen (mit den Händen oder Füßen voran) oder gar rückwärts, ohne zu sehen, wann man unten ankommt und stoppen muss. Auch das durchaus herausfordernde – weil rutschige und Balancegefühl erfordernde – Hochklettern auf der Rutschfläche macht für rutscherfahrene Kinder ein bereits bekanntes Spielgerät wieder attraktiv.

Regeln auf dem Prüfstand

Das regelhafte Verbot aller Rutschvarianten bis auf die klassische Variante im Sitzen sollte auf den Prüfstand gestellt werden. Man geht zwar damit scheinbar auf Nummer sicher, verhindert aber gleichzeitig die Chance der Kinder, ihre Bewegungsfreude und Körpergeschicklichkeit weiterzuentwickeln. Natürlich sollten Regeln aufgestellt und beachtet werden, die sich auf unkalkulierbare Risiken beziehen; beispielsweise wenn ein Kind von oben rutscht, während ein anderes gleichzeitig versucht, von unten hochzuklettern. Hier liegt die Gefahrenabwägung und selbst gesteckte Herausforderung nicht mehr beim Kind selbst. Auch kann es Fälle geben, in denen die pädagogische Fachkraft bei bestimmten Kindern entscheidet, dass das Risiko heute für das Kind zu hoch ist, zum Beispiel weil es übermüdet und unkonzentriert erscheint oder den Eindruck erweckt, zu leichtsinnig zu handeln. Eine Fall-zu-Fall-Abwägung ist natürlich aufwendiger und mühsamer als ein pauschales Verbot, aber genau das macht eine angemessene Aufsichtspflicht des Erwachsenen aus.

> Die Regeln zur Nutzung stammen meist von Kita-Team und Träger.

Die häufigsten Verletzungen durch Rutschunfälle sind Beinbrüche. Hauptursache dafür ist interessanterweise, auf dem Schoß einer anderen Person zu rutschen (vgl. Jennissen et al. 2018). Diese Art von Brüchen entsteht meist, wenn Kinder mit einem Bein an einer Stelle der Rutsche hängen bleiben, der Schwung des Erwachsenen sie aber weiterschiebt. Ein weiteres Beispiel dafür, dass ech-

Schon Kleinstkinder haben Lust, Spielgeräte herausfordernd zu nutzen.

te Verletzungsrisiken meist dann entstehen, wenn ein Kind es nicht mehr selbst in der Hand hat, eigenaktiv und selbsttätig sein aktuelles körperliches Herausforderungsniveau zu suchen und seine aktuelle Risikobereitschaft frei zu wählen.

Bestimmungswidriger Gebrauch als Chance

Kommt es beim unkonventionellen Rutschen zu einem Unfall, wird der Hersteller prüfen, ob das Gerät bestimmungsgemäß gebraucht wurde. Wurde ein Gerät bestimmungswidrig genutzt, haftet der Hersteller nicht. Diese Bestimmungswidrigkeit ist in der Praxis schnell erreicht, beispielsweise bereits wenn zwei Kinder gleichzeitig auf einer Rutsche rutschen oder ein Erwachsener mit einem Kind auf dem Schoß rutscht. Auch auf einer Schaukel zu stehen, statt zu sitzen, ist nach Ansicht der Gerätehersteller bereits ein bestimmungswidriger Gebrauch. Prüft man die tatsächliche Nutzung der Spielgeräte in seiner Kita, findet man schnell zahlreiche Beispiele für Abweichungen von der vorgesehenen Nutzung, ohne die der Reiz der meisten Spielgeräte aber schnell verloren gehen würde.

Letztlich entscheidend ist jedoch die Einschätzung der Unfallversicherung, die ggf. für die Folgekosten der ärztlichen Behandlung aufkommen muss, ob die Fachkräfte mit der abweichend erlaubten Nutzung ein „erhebliches unüberlegtes Risiko" mit Verletzungsgefahr eingegangen sind (also ihre Aufsichtspflicht verletzt haben) oder ob das Risiko im vorliegenden Fall dosiert war und die pädagogische Chance zur Risikokompetenzförderung, die ja von der DGUV (2020a) selbst gefordert wird, überwog.

6. Freier Zugang für Krippenkinder?

Risky Play beginnt nicht erst im Kindergarten, auch die unter 3-Jährigen haben bereits das Bedürfnis, ihre Grenzen auszutesten, ihre Körperbeherrschung zu verbessern und dafür auch immer wieder Risiken einzugehen. Aus Sorge vor Überforderung im unmittelbaren Miteinander mit den 3- bis 6-jährigen Kindergartenkindern und einer möglichen Verunfallung bei der Nutzung von Spielgeräten der älteren Kinder richten viele altersgemischten Einrichtungen im Außengelände einen – oft umzaunten – Bereich ausschließlich für Krippenkinder ein: mit winziger Rutsche, Nestschaukel, Wipptieren, kleinem Sandkasten und wenig strukturiertem Gelände (ohne Hügel etc.). Von großen Wagnissen fehlt meist jede Spur.

Steinbereiche im Außengelände laden zu gewagtem Spiel ein.

Durch die räumliche Exklusion fehlen den Jüngsten aber nicht nur viele selbst gewählte Bewegungsherausforderungen, sondern auch ältere „Spielmodelle" und altersübergreifende Lernmöglichkeiten. Zumindest zeitweilig sollte deshalb den Krippenkindern auch die Möglichkeit zur Eroberung des gesamten Spielareals gegeben werden. Kleinstkinder können sehr gut auch Spielgeräte der Großen, wie beispielsweise eine Rutsche, auf ihre Art erobern, ohne erhöhte Unfallgefahr.

An den Stellen, wo Ü3-Spielplatzgeräte für Kleinstkinder tatsächlich noch zu gefährlich sind, kann deren Zugang durch entsprechende Eingangsfilter leicht reguliert werden. Für den Zu- bzw. Abgang von Spielplatzgeräten, die erst für ältere Kinder geeignet sind, haben sich Kletternetze oder die Anbringung der untersten Sprosse auf einer Höhe von 40 cm als Eingangsfilter bewährt. Für unter 3-Jährige, die hinsichtlich ihrer motorischen Entwicklung bereits ihrem Alter voraus sind, besteht auf diese Weise trotzdem die Gelegenheit, den Eingangsfilter zu passieren und sich an einem Spielgerät für Ältere zu erproben. So entsteht ein tatsächlich (Entwicklungs-)Vielfalt berücksichtigendes inklusives Bildungsangebot.

Auch die unter 3-Jährigen haben bereits das Bedürfnis, ihre Grenzen auszutesten.

IV

Echte „gefährliche" Werkzeuge und „gefährliche" Natur

Nur im Umgang mit echten Werkzeugen kann das funktionsgerechte Arbeiten damit erlernt werden. Deshalb sind generelle Verbote nicht sinnvoll. Auch hier gibt es – wie beim Umgang mit potenziell gefährlichen Elementen wie Wasser oder Feuer – zahlreiche Möglichkeiten, die Kinder behutsam und risikodosiert heranzuführen.

1. Kindern etwas zutrauen

„Messer, Gabel, Schere, Licht – warum denn nicht?“ Diesen gegen alle ehemaligen pädagogischen Grundregeln verstoßenden Titel trägt ein Buch der Spielpädagogin Heike Baum (1997), das zeigt, wie Mädchen und Jungen von klein auf im Spiel lernen können, Gefahren richtig einzuschätzen und mit ihnen umzugehen. Echte Werkzeuge zum Gebrauch in Holzwerkstätten, beim Essen, bei der Essensvorbereitung oder im Außengelände sind in deutschen Kitas oft nur begrenzt, unter Aufsicht oder gar nicht für die Kinder zugänglich. Stattdessen finden sich allzu oft lediglich stumpfe Messer, Schaufeln aus Plastik oder andere „So tun als ob“-Werkzeuge.

Der Gebrauch von „gefährlichen“ Werkzeugen wie Schnitzmesser, Säge, Axt, Hammer und Nägel oder Pfeil und Bogen ist dagegen in anderen Ländern wie Norwegen durchaus üblich; sie stehen den Kindern teilweise zur freien Verfügung (vgl. Hafner 2020). Die Werkzeuge sind zwar oft kleiner und handlicher, entsprechen aber in ihrer Funktion echten Erwachsenenwerkzeugen. Das Verletzungsrisiko besteht unter anderem in Schnitt- oder Stichverletzungen durch Schneide-, Hack- und Sägewerkzeuge. Bei der Verwendung von Seilen kommt noch die Gefahr des Strangulierens hinzu. Kinder nehmen diese Aktivität eher als aufregend und spannend denn als riskant wahr, während Erwachsene das Risiko vergleichsweise höher einschätzen.

Grundsätzlich gilt, dass nur durch die Nutzung echter Werkzeuge der funktionsgerechte und ungefährliche Umgang damit gelernt werden kann. Es spricht nichts dagegen, schon 2-Jährige einen Apfel aufschneiden zu lassen, wenn sie über entsprechende manipulative Fertigkeiten verfügen.

2. Das Prinzip „Lehrling, Geselle, Meister“

Jedem Kind sofort ein Schnitzmesser oder eine Bohrmaschine zur freien Verfügung in die Hand zu drücken, ist keineswegs die Alternative zum risikolosen Verwehren jeglichen Zugangs dazu. Insbesondere in der Werkstattpädagogik hat sich das Prinzip „Lehrling, Geselle, Meister“ bewährt, das der Ausbildung im Handwerk nachempfunden ist. Jedes Kind, das zum ersten Mal in einem Bereich (z. B. Essensvorbereitung, Feuer entfachen, Arbeiten mit Hammer und Nägeln) arbeitet, wird als „Lehrling“ bezeichnet. Mithilfe spezieller, durch die pädagogischen Fachkräfte begleiteten Angebote eignet sich das Kind erforderliche Kompetenzen an, um sich mit anspruchsvollem Material und Werkzeug auseinandersetzen zu können. Es erwirbt dabei Fachkompetenz, übernimmt Verantwortung für sich und andere und wird somit zum „Gesellen“. Auf der Meisterstufe kann es mit dem entsprechenden Werkzeug und Material frei – und in der Regel ohne Aufsicht – agieren. Der Nachweis der Qualifikation wird unterschiedlich gestaltet. Für einige Fähigkeiten, die in Kursen erworben werden, können beispielsweise (Diplom-)Urkunden oder Werkzeugführerscheine vergeben werden.

> Durch den Umgang mit echten Werkzeugen erwerben Kinder entsprechende Fachkompetenz.

Um die freie Zugänglichkeit der Werkzeuge und Materialien für die verschiedenen Befähigungsstufen für die Kinder sichtbar zu machen, empfiehlt es sich, diese zu kennzeichnen, zum Beispiel mit unterschiedlichen Farben für Lehrlinge, Gesellen und Meister. Die Kinder bestimmen selbst durch ihr Engagement in einem Fachbereich mit, wie schnell sie die nächste Befähigungsstufe erreichen möchten.

Die erworbene Risikokompetenz, beispielsweise der Umgang mit „gefährlichem“ Werkzeug, sollte den Kindern zurückgespiegelt werden, indem man zum Beispiel (Könner:innen-)Plakate mit den Fotos derjenigen Kinder aufhängt, die eine spezielle Risikokompetenz erworben haben. Das bestärkt sie darin, dass es sich lohnt, ein Wagnis einzugehen, und fördert zudem ihre Selbstwirksamkeitserwartung.

3. Nur echte Werkzeuge ermöglichen echte Arbeitsergebnisse

In den Werkstätten verschiedener Berufsgruppen wird gearbeitet, in den Werkstätten einer Kita ist das Spiel die Arbeit der Kinder: Pläne entwerfen, unterschiedlichste Materialien kennenlernen, echtes Werkzeug ausprobieren und viel über die eigene Geschicklichkeit, Ausdauer und Geduld erfahren. Das ist etwas ganz anderes, als in der „Freispielzeit" spielen zu dürfen, in der „Angebotszeit" jedoch zwischen mehreren vorgedachten Ideen wählen zu müssen und fremdbestimmt mit bereits ausgewähltem Material nach Vorgaben zu agieren (vgl. Haug-Schnabel/Bensel 2017a).

Im Außengelände sollten Alltagsgerätschaften und funktionierende Werkzeuge aus der Erwachsenenwelt, Gebrauchsgegenstände und Gartengeräte jederzeit zur Verfügung stehen. Echtzeug sollte gegenüber jeder Form von Spielzeug bevorzugt werden, da die Kinder sich über das „Handling" unterhalten, sich gegenseitig beraten und gemeinsam nachdenken und planen können.

Ohne „So tun als ob"-Spielgeräte muss ein Kind mehr Ideen haben, sich den mit dem Gegenstand geplanten Funktionseinsatz vor Augen führen, Probeläufe machen und vor allem seine Sprache nutzen, um sich mit anderen auszutauschen und gemeinsam agieren zu können. Über alles muss verhandelt werden. Alles muss differenziert erklärt und geplant werden, jedem Gegenstand muss erst eine Funktion und somit sein Einsatzfeld zugesprochen werden, damit eine Miteinandersituation entstehen kann (vgl. Haug-Schnabel 2016).

Pädagogische Fachkräfte sollten sich fragen: Traue ich den Kindern zu, mit echten Werkzeugen in Werkstätten zu arbeiten? Und vertraue ich den Kindern, dass sie kein echtes Verletzungsrisiko eingehen, weil auch ihnen der Selbstschutz wichtig ist? Dann können sie gerade den Kindern, die bis zum letzten Kindergartenjahr noch etwas Neues, Spannendes in der Kita und bei sich selbst entdecken wollen, eine vielfältige Bildungsumgebung bieten. Echte Bildungs- und Lernwerkstätten sind dabei ein hervorragender Zugang, um Risikopädagogik als selbstverständlichen Teil des täglichen Bildungsangebots für die Kinder im Alltag zu integrieren.

Nur die Nutzung echter Werkzeuge führt zu echten Ergebnissen.

4. Bauarbeiten

Auch im Sandkasten oder auf anderen „Baustellen" in der Kita können Kinder, wenn ihnen echte Werkzeuge zur Verfügung stehen (z. B. eine Schaufel mit einem Schaufelkopf aus Metall) und sie „richtig" loslegen können, beeindruckende Umgestaltungen vornehmen und allein oder gemeinsam Selbstwirksamkeit und Gestaltungskompetenz erfahren. Derartige „Bauarbeiten" sind natürlich in der Regel nicht an einem Tag abgeschlossen, sondern müssen gesichert und über längere Zeit fortgeführt werden dürfen.

> Bereits 2-Jährige sind in der Lage, den Umgang mit einem Messer zu lernen.

Spannend sind auch partizipative Projekte von pädagogisch ambitionierten Architekt:innen, die Kinder und teilweise auch deren Eltern in anstehende Umgestaltungsprojekte im Innen- und Außenbereich miteinbeziehen, und die Kinder am Schluss feststellen können, dass sie selbst dazu beitragen konnten, ihre Kita gemeinsam mit anderen noch spannender und schöner zu gestalten.

Auch bei der Gestaltung eines Gartenbeets spüren die Kinder die Ernsthaftigkeit ihres Beitrags vor allem dann, wenn echte Profi-Gartenwerkzeuge (in passender Größe) wie Spaten, Hacken, Schubkarren, Harken oder Rechen aus Metall statt Kunststoff zum Einsatz kommen.

5. (Schnitz-)Messer

Bereits 2-Jährige sind in der Lage, den Umgang mit einem Messer zu lernen; nicht nur, um sich selbst ein Brot zu schmieren oder ihr Essen zu schneiden, sondern auch, um Rohkost wie

Paprika oder Tomaten kleinzuschneiden. Dabei ist es ein häufiger Irrtum zu glauben, dass ein stumpfes Messer ein geringeres Verletzungsrisiko birgt. Ist ein Kind nur den Umgang mit einem stumpfen Messer gewohnt, hat es gelernt, viel Druck aufwenden zu müssen, um zu einem gewünschten Ergebnis zu kommen. Erhält es dann ein scharfes Messer, arbeitet es mit dem gleichen Druck und schießt so über das Ziel hinaus. Die Gefahr, sich zu schneiden, wird durch die Bereitstellung eines scharfen Messers von Anfang an, wenn auch mit abgerundeter Spitze (um Stichverletzungen vorzubeugen), deutlich reduziert.

Dasselbe gilt auch für Schnitzmesser, mit denen Kinder – auch hier funktioniert das Lehrling-Geselle-Meister-Prinzip und ein erworbenes Schnitzmesser-Diplom sehr gut – ab etwa 5 Jahren agieren können. Ein guter Einstiegsfilter ist nach Felix Immler, Kinder selbst die große Klinge aufmachen und wieder schließen zu lassen. Wenn sie dazu die nötige Kraft aufbringen, haben sie auch ausreichend Kraft, um zum Start die Rinde eines frischen Haselnussstocks wegzuschnitzen.

Schnitzen ist nur im Sitzen erlaubt.

6. Seile und Pferdeleinen

Die Aufmerksamkeit für Kordeln und Schnüre an Kinderkleidung hat deutlich zugenommen, nachdem es auf Spielplätzen zu tragischen Strangulationen von Kindern auf Klettergerüsten gekommen war. Mittlerweile sorgt sogar eine DIN-Norm dafür, dass Bekleidung für Kinder bis zum Alter von 14 Jahren generell keine Kordeln und Schnüre im Halsbereich haben darf (DIN EN 14682). Kinder sollten in der Kita auch keine Ketten und Schlüsselbänder um den Hals tragen, die zu einer Strangulation führen können. Mittlerweile sind aufgrund solcher Vorfälle manche Kitas dazu übergegangen, auch keine Spielseile oder Pferdeleinen mehr an die Kinder auszugeben. Auch hier ist das gewagte Spiel auf dem Rückzug. Und das, obwohl die Unfallversicherung in keiner ihrer Empfehlungen vor dem Einsatz von Seilen oder Leinen im Kita-Alltag warnt. Erneut ein

DIE ACHT WICHTIGSTEN SCHNITZREGELN

- Wer schnitzt, der sitzt! Am besten auf einem Baumstamm oder Stein. Auf keinen Fall im Stehen arbeiten.
- Immer vom Körper und der Hand, die den Stock hält, weg schnitzen.
- Zum Sitznachbarn eine Armlänge Abstand halten. Um es auszuprobieren, sollten Kinder vor dem Schnitzen den Arm ausstrecken und dabei niemanden berühren.
- Unbedingt mit einer scharfen Klinge schnitzen! Stumpfe Messer sind gefährlich, weil man damit stärker drückt und so schneller abrutschen kann.
- Das Taschenmesser nur geschlossen an andere weitergeben, das heißt: eingeklappt.
- Nicht in lebende Bäume ritzen. Die Rinde schützt den Baum vor Krankheiten und Hitze. In den äußeren Schichten werden außerdem Wasser und Nährstoffe über kleine Kanäle zu den Baumwipfeln transportiert, die durch das Ritzen durchtrennt werden. Der Baum kann dadurch absterben.
- Wer ein Schweizer Taschenmesser zum Schnitzen nimmt, das über mehrere Klingen verfügt, sollte immer nur ein Werkzeug aufgeklappt haben, um sich nicht zu verletzen.
- Wer sein Messer nicht mehr braucht, packt es ein!

Quelle: Anke Schipp 2015 in: www.faz.net/aktuell/gesellschaft/menschen/schnitzen-es-ist-gefaehrlich-und-macht-stark-13799832.html

Fall vorauseilenden Gehorsams von Team und Träger, um sich vor Elternbeschwerden und vermeintlichen Haftungsrisiken zu schützen.

Natürlich muss es Regeln geben, die strikt eingehalten werden müssen – vor allem bei Kindern, die jünger sind oder noch wenig umsichtig handeln. Genauso wenig wie einen Fahrradhelm sollten Seile, Schnüre oder Pferdeleinen (Pferdegeschirr) mit auf Spielgeräte genommen werden, da sie sich in Kletternetzmaschen oder an Fangstellen zusammen mit dem kindlichen Hals verfangen könnten. Seile sind nicht ungefährlich, aber ein spannendes Werkzeug für kreatives und gewagtes Spiel. Ein pauschales Verbot von Seilen wäre die einfachste, aber auch pädagogisch fragwürdigste Lösung. Mittlerweile gibt es beispielsweise auch Pferdegeschirre mit Klettverschluss, die das Risiko des Verfangens deutlich reduzieren.

> Wasser fordert in hohem Maße zu kreativem Spiel heraus.

7. Gefährliche Naturelemente

Das Spielen in der Nähe prinzipiell gefährlicher Naturelemente wie Klippen, Feuerstellen, vereister Seen oder tiefer bzw. stark strömender Gewässer wird von pädagogischen Fachkräften riskanter eingestuft als von den Kindern, die häufig die davon ausgehende Gefahr nicht als solche erkennen. Die Kinder begegnen gefährlichen Naturelementen gehäuft in Wald- und Naturkindergärten oder im Außengelände, wenn sie dort Teil der Gestaltung sind (z. B. Feuerstellen). Die Gefahren, die hier lauern, sind vor allem Stürze, aber auch Verbrennungen oder Ertrinken.

Wasser

Wasser übt eine große Faszination auf Kinder aus und fordert in hohem Maße zu kreativem Spiel heraus. „Wasser lässt sich auf unterschiedlichste Arten und Formen erleben, ob als naturnaher Bachlauf oder Rinnsal, als Teich oder Feuchtbiotop, als Pfütze oder als Schlammloch" (DGUV 2020a, S. 34). Bei der Gestaltung von Spielräumen sollten Möglichkeiten geschaffen werden, Wasser in unterschiedlichen Zustandsformen kennenzulernen. Etwa durch Wassererlebnisplätze mit einem Wasserspielbereich, mit verschieden breiten und langen Wasserrinnen, leitungswassergespeister Matschecke mit Stein- oder Holztrögen, Matschtisch, Wasserpumpe, transparenten Abwasserrohren und Schläuchen.

Andererseits können Wasserflächen wie Pfützen, Bäche, Teiche oder künstliche Pools und Wasserbecken auch eine Gefahr für Kinder darstellen, sodass besondere Maßnahmen getroffen werden müssen, um Ertrinkungsunfälle zu vermeiden (vgl. ebd.). Bezüglich der Risiken gibt es deutliche Unterschiede zwischen Krippen- und Kindergartenkindern, da unter 3-Jährige bereits in kleinen und flachen Wasseransammlungen ertrinken können. „Dafür verantwortlich ist der sogenannte Stimmritzenkrampf, ein Schutzreflex, der verhindern soll, dass Wasser in die Lunge eindringt. Dieser Reflex wird aktiviert, wenn ein Kleinkind beispielsweise mit dem Gesicht in eine Wasseransammlung fällt. Es hört dann auf zu atmen" (DGUV 2020a, S. 35). Aus diesem Grund dürfen Wasserflächen (z. B. kleine Teiche) in Kitas für unter 3-Jährige nicht zugänglich sein. Krippenkinder dürfen allerdings unter lückenloser Aufsicht in einem Planschbecken im Garten oder in Duschwannen (oder einer Wasserlandschaft in der Wasserwerkstatt im Gebäude) Erfahrungen im Wasser sammeln. Dabei sollte die Wassertiefe jedoch 20 cm nicht überschreiten (vgl. DGUV 2022).

Für Kinder über 3 Jahren ist die Zugänglichkeit zu einem Teich mit einer 1 m breiten, flach geneigten und trittsicheren Flachwasserzone im Uferbereich und einer Wassertiefe von maximal 20 cm vertretbar. Ist der Teich tiefer, muss eine mindestens 1 m hohe Einfriedung, die eine Über-

Intensive Bauarbeiten mit echten Spaten, Wasser und Sand.

Gewagte Wasserspiele sind unter Aufsicht erlaubt und begeistern viele Kinder.

kletterung verhindert, errichtet werden (vgl. DGUV 2020a). Auch Regentonnen benötigen zwingend einen Deckel, um ein unbeabsichtigtes Hineinfallen eines Kindes zu verhindern.

Feuer

Bildungsarbeit mit Kindern in Kombination mit Feuer ist in vielen Familien, Kitas und Schulen ein Tabu. Unsicherheiten bei den Fachkräften und Verbote der Träger erschweren den Zugang zu diesem wichtigen Bildungsthema. Bis heute wird die Lernerfahrung mit Feuer in vielen Bildungseinrichtungen ausgeklammert, existieren in Fachschulen keine Konzepte für eine pädagogische Gestaltung der Begegnung von Kind und Feuer (vgl. Karawahn 2014). Kinder kennen Feuer teilweise nur noch als katastrophales, bedrohliches Ereignis aus dem Fernsehen. Dabei ist der ursprüngliche Sinn des Feuermachens verloren gegangen: die kostbare Zähmung eines Naturelements, das den Menschen Wärme und Licht spendete und durch das Garen von Speisen deren Verdauung erleichterte oder überhaupt erst möglich machte. Auch Kinder wurden früh daran beteiligt, Feuer zu hüten und die Flamme oder Glut niemals ausgehen zu lassen.

Das Naturelement Feuer übt auf Kinder eine ähnliche Faszination wie das Element Wasser aus. Durch die unmittelbar nachvollziehbare Gefährlichkeit des Sich-Verbrennens bei Berührung hat Feuer jedoch eine doppelte Valenz: Einerseits fasziniert es durch Farbe, Wärme und die Macht, Dinge in ihrer Gestalt zu verändern oder gar aufzulösen, zu Asche zu verwandeln. Andererseits stellt es aber auch eine potenzielle Bedrohung für den Menschen oder seinen Besitz dar. Mit Feuer zu hantieren, ist also durchaus abenteuerlich.

Ein simples Feuerverbot für Kinder ist keineswegs präventiv, denn dadurch werden sie eher genötigt, heimlich ausprobieren zu müssen, wie ein Streichholz entzündet wird (vgl. ebd.). Unfälle werden dagegen vermieden, wenn Kinder unter Aufsicht Feuermachen lernen dürfen. Den Umgang mit Feuer beim Anzünden einer Kerze oder eines Lagerfeuers oder beim Betreiben einer Feuerstelle mit Zunder und Holz sollten Kinder unter Anleitung lernen (siehe dazu auch Kapitel III.2) und ein entsprechendes Feuer-Diplom erwerben. Hierdurch können Ängste abgebaut und der richtige und sorgfältige Umgang mit Feuer geübt werden.

Folgende Sicherheitsaspekte sind laut DGUV (2020a, S. 35) beim Umgang mit Feuer zu berücksichtigen:

- Der Umgang mit Feuer muss beaufsichtigt sein.
- Die Feuerstelle muss abgegrenzt sein. Bei Nichtgebrauch ist sie abzudecken.
- Auf geeignete Kleidung muss geachtet werden (keine leicht entzündbaren Kunstfasern etc. zulassen).
- Zum Anzünden dürfen keine Brandbeschleuniger verwendet werden.
- Geeignete Löschmittel müssen bereitgehalten werden.

Ein wichtiger Merksatz lautet „Ein Feuer braucht einen Freund und ein Zuhause". „Die Freunde, also die Aufpasser des Feuers, sind die Kinder. Das Zuhause ist ein Platz, an dem es keinen Schaden anrichten kann und der hinterher genauso aussieht wie vorher. Nur wenn man weder oben noch in Kniehöhe an etwas Brennbares stößt, ist der Platz geeignet (…)" (Redaktion Merkur 2014). Zum kompetenten Umgang mit Feuer und feuererziehenden Spielen und Übungen mit Kindern gehört auch zu lernen, wie sich ein Feuer wieder löschen lässt.

Um Kindern das achtsame „Feuerspielen" beizubringen, können pädagogische Fachkräfte in einem Fortbildungsseminar eine Feuerlehrkompetenz erwerben. Diese befähigt sie, Kinder bis zur selbstständigen Durchführung eines Lagerfeuers zu begleiten. Diese Methode vermittelt den Kindern auf sinnliche Weise die sinnstiftende Nutzung eines von jedem Kind selbst zu verantwortenden Holzfeuers. Dafür ist die Anschaffung einer Feuerschale samt Brennmaterial sinnvoll, die Kindern ab etwa 2 Jahren regelmäßig das Sein am Feuer ermöglicht (vgl. Karawahn 2014).

> Bis heute wird die Lernerfahrung mit Feuer in vielen Kitas ausgeklammert.

Weitere gewagte Spiele im Umgang mit Naturelementen wie steile Abhänge oder vereiste Gewässer begegnen Kinder automatisch, wenn sie draußen in der Natur spielen. Hierzu finden Sie in Kapitel VI weiterführende Hinweise.

V

Außer Sicht und gespielter Kampf

Kinder genießen es, sich unbeobachtet zu fühlen. Gerade weil sie oft den ganzen Tag in der Kita verbringen, brauchen sie Rückzugsmöglichkeiten und „geheime Orte", an denen eine eigene Kinderkultur entstehen kann. Auch beim spielerischen Raufen und Balgen handelt es sich um ein wertvolles, Sozialkompetenz und Beziehungen stärkendes Lernfeld.

1. Der Reiz des Unbeobachtetseins

„In den sechziger Jahren war der Noelleweg ein Abenteuerspielplatz – ein Wald zum Verirren, eine Villa zum Ausspionieren und eine Gaslaterne als Marterpfahl (…). Für uns war sie ein weites Feld für Streifzüge und Fahrradjagden, für Sprünge in tiefe Laubhaufen oder die stundenlange Suche nach Eicheln auf allen vieren, bis die Knie grasgrün waren. Und immer, wenn ich dort bin, spüre ich wieder die Holzsplitter in den Knien, die zerkratzten Ellenbogen, Stirnbeulen und schmerzvibrierenden Musikknochen nach tausend Stürzen und Flügen. In den Sechzigern gab es nachmittags außer Klavierüben nur diesen einzigen Tagesordnungspunkt. Bei jedem Wetter: raus aus dem Blick- und Kontrollfeld der Eltern (…). Dazwischen lag die Straße als planungs- und pädagogikfreie Zone. Denn dort lernten wir nicht mehr bloß von Eltern und Lehrern, sondern vor allem voneinander; dort unternahmen wir Erkundungen quer durch die Nachbargrundstücke und, verbotenerweise, darüber hinaus. Auch in unsere Möglichkeiten oder ins Scheitern, ob als Rollschuhrennstars in der Garageneinfahrt oder als Zirkusdirektoren und Lederhosen-Primaballerinen auf dem Wendeplatz. Mal als Anführerin, mal als Underdog (…). Wir waren ein ganzer Haufen: meine beiden Schwestern und ich und drei, manchmal fünf weitere Mädchen unterschiedlichen Alters. Außerdem gab es Henner, (…) dem wir demütig das Kommando übergaben (…). Unser Bestimmer brachte uns zum Beispiel das Fesseln bei. Wenn man mal eine Ewigkeit mit eingeschnürten Handgelenken am Marterpfahl – der alten Gaslaterne – auf den verschwundenen Rest des Stammes gewartet hat, weiß man, was Demütigung heißt. Bloß nicht heulen, wenn sie kamen, um einen zu befreien. Selbstüberwindung schrittweise aufbauen – und irgendwann habe ich den Helden mit einer schleimigen Nacktschnecke so lange bedroht, bis er wimmernd wegraste“ (Grefe 2005).

Die Journalistin Christiane Grefe beschreibt ihre Kindheit im Sauerland unter anderem mit dem Satz „raus aus dem Blick- und Kontrollfeld der Eltern“, rein in eine „planungs- und pädagogikfreie Zone“. Auch vielen pädagogischen Fachkräften ist der Kontrast heutiger Kindheitstage in betreuter Öffentlichkeit zu der zumindest nachmittags weitgehend selbst verwalteten freien Zeit eigener Kindheitstage (schmerzlich) bewusst.

REFLEXIONSFRAGEN

Erinnern Sie sich an Ihre eigene Kindheit:

- Woran erinnern Sie sich mit besonders warmen, glücklich machenden Gefühlen?
- Welche Erlebnisse und Erfahrungen waren in Ihrer Kindheit noch möglich, die Kinder heute nicht mehr machen können?
- Wovor hatten Sie als Kind die meiste schaurig-schöne Angst?
- Erinnern Sie sich an ein besonders aufregendes Erlebnis?

Ellen Sandseter (2010) beschreibt in ihrer Risky-Play-Kategorie „Verloren gehen“ die Gelegenheit von Kindern, ihre Umgebung selbstständig und unbeaufsichtigt zu erkunden. Auch wenn dies nach Ansicht der befragten Pädagog:innen relativ selten passiert und die Kinder nur vermeintlich auf sich allein gestellt sind, da sie meist doch aus einigem Abstand von den Fachkräften beobachtet werden, beurteilen die Kinder selbst dieses Risiko als „schaurig“. Gleichzeitig besitzt das (vermeintliche) Unbeobachtetsein für die Kinder eine hohe Attraktivität. Dies ist sicher ein Grund dafür, dass immer wieder Kinder – nicht nur in der Schule, sondern auch in der Kita – ausbüchsen und sich heimlich eigenmächtig auf den Weg nach Hause oder zu anderen interessanten Stellen in der Umgebung machen.

AUS DER PRAXIS

Im Rahmen einer Inhouse-Schulung in einem kleinen Kindergarten in Südtirol berichtete die Leitung mir aufgeregt von einem kürzlich geschehenen Ereignis: Drei Jungen waren aus der Kita weggelaufen und von einem Vater, der sein Kind abholen wollte, auf dem Gehweg gesichtet und wieder zurück in die Einrichtung gebracht worden. Der Vater war erschrocken und erbost über die möglichen Gefahren durch den ungeplanten „Freigang" und die Leitung zeigte sich im anschließenden Gespräch mit den Kindern enttäuscht und hintergangen. Die Kinder berichteten, dass einer von ihnen mit seinen Freunden zu seinem Opa laufen wollte, der offensichtlich Spannendes in seinem Haus und Garten anzubieten hatte. Die primäre Frage, die sich das Team hier stellen sollte, ist aber nicht „Wie konntet ihr uns so etwas antun?", sondern: „Warum gab es für euch hier bei uns nichts Spannendes mehr zu entdecken?", „Warum haben wir euch nicht das Gefühl vermittelt, dass wir gemeinsam planen können, einen Ausflug in den Sozialraum (zum Großvater) zu unternehmen?" und „Gibt es genügend Stellen bei uns im Kindergarten, wo ihr auch mal eine Zeit lang ohne unsere Aufsicht ‚verloren gehen' dürft?".

„Geheime", unbeobachtete Orte sind für Kinder wichtig.

2. Außer Sicht und Aufsichtspflicht

Kinder müssen, damit sich das schaurig-schöne Wohlgefühl des aufregenden, unbeobachteten Auf-sich-alleine-gestellt-Seins einstellt, gar nicht unbedingt das Einrichtungsgelände verlassen, es muss nur ausreichend Plätze – drinnen wie draußen – geben, an denen die Kinder zeitweilig unbeaufsichtigt sind. Das können „geheime" Orte im Garten, hinter Buschwerk oder Hecken oder mit Tüchern abgedeckte Bereiche unter der Treppe oder unter einem Tisch sein. Kinder brauchen dafür nur geeignetes „Tarnmaterial" und das Einverständnis und das Vertrauen der pädagogischen Fachkräfte, dass sie für eine gewisse Zeit vom Radar verschwinden dürfen, ohne dass gleich eine Katastrophe passiert, die Kinder heimlich (gefährlichen) Quatsch machen, sich ein Kind verletzt und nicht schnell genug Hilfe zur Stelle ist oder Kinder das Kita-Gelände verlassen. Manche Kitas tragen diesem „Außer-Sicht-Bedürfnis" der Kinder Rechnung, indem sie ihnen sogar einen eigenen Raum zur Verfügung stellen, der von den Kindern selbstständig bestückt und kontrolliert wird und zu dem Erwachsene nur mit Erlaubnis der Kinder Zutritt erhalten.

Kinder genießen es, sich zurückzuziehen und sich unbeobachtet zu wissen. Gerade weil sie den halben oder, immer häufiger, sogar den ganzen Tag in der (Kita-)Öffentlichkeit verbringen, muss es auch pädagogisch verantwortbare Rückzugsmöglichkeiten für die Kinder geben. Auch Kinder haben ein Recht auf (zeitweiligen) Schutz ihrer Privatsphäre. „Was befürchten wir als Erwachsene, wenn wir die Kinder dabei stören, sich lang anhaltend und nicht jederzeit für uns sichtbar in ihr gemeinsames Spiel zu vertiefen?" ist eine berechtigte Frage, die sich alle Fachkräfte stellen sollten (Nentwig-Gesemann 2017 et al., S. 41).

Der unreglementierte Umgang der Kinder untereinander ist auch für ihre soziale Entwicklung von großer Bedeutung. In eigener Kinderkultur lernen Kinder Regeln, Werte und wichtige Prinzipien. Sie probieren sich im Miteinander aus und verinnerlichen probate Strukturen des sozialen Umgangs. Dies steigert nicht nur ihre Sozialkompetenz, sondern ist auch Teil ihrer Persönlichkeitsbildung. Pädagogische Fachkräfte sollten also bewusst vielfältige Räume schaffen, in denen Kinder unbeobachtet sein können, sei es in einer bewusst gestalteten Nische im Gruppenraum, im Gebüsch des Außengeländes oder mit dem Einverständnis, sich mit der Freundin oder dem Freund allein im Nebenraum aufhalten zu dürfen.

Das Risiko einer damit einhergehenden Aufsichtspflichtverletzung ist dabei deutlich geringer als von vielen pädagogischen Fachkräften vermutet wird (siehe auch Kapitel VIII). Nach aktueller Rechtslage ist die Aufsichtspflicht bei Kindergartenkindern gewährleistet, wenn die Fachkräfte im Abstand von 15–30 Minuten nach

BEDEUTET AUFSICHTSPFLICHT PERMANENTE ÜBERWACHUNG?

Wie in der Familie, so ist auch in der Kita keine permanente Überwachung der Kinder durch die Erwachsenen möglich. Es gehört zur Beaufsichtigung, dass die Fachkräfte Kinder auch manchmal nicht sehen. Aufsichtspflicht heißt (vgl. Prott 2011):

- wissen, wo sich Kinder (ungefähr) aufhalten,
- wissen, was sie (wahrscheinlich) tun,
- damit sie sich und anderen keinen Schaden zufügen,
- auf jedes Kind achten.

REFLEXIONSFRAGEN FÜR KITA-TEAMS ZU „GEHEIMEN ORTEN"

(aus: Nentwig-Gesemann et al. 2017, S. 41)

- Stehen den Kindern in unserer Kita drinnen und draußen sichere Orte zur Verfügung, an die sie sich allein oder in kleinen Gruppen zurückziehen können?
- Steht ihnen genug Zeit zur Verfügung, um ihre fantasievollen Spielwelten ungestört zu entfalten?
- Was waren die schönsten Orte unserer eigenen Kindheit, hatten wir auch „geheime Orte"?
- Was erzählen uns die Kinder, wenn wir sie nach ihren Lieblingsorten oder nach ihren „geheimen Orten" in der Kita fragen?
- Was befürchten wir als Erwachsene, wenn wir die Kinder dabei stören, sich lang anhaltend und nicht jederzeit für uns sichtbar in ihr gemeinsames Spiel zu vertiefen?

dem Rechten sehen, zumindest wenn die Kinder bisher noch nicht durch selbst- bzw. fremdschädigendes Verhalten aufgefallen sind. Denn die Aufsichtspflicht ist keineswegs bei jedem Kind und zu jeder Zeit in gleicher Weise zu gewährleisten. Das Maß der gebotenen Aufsicht hängt ab von Alter, Eigenart und Charakter des konkreten Kindes, dem örtlichen Umfeld, dem Ausmaß der drohenden Gefahren, der Voraussehbarkeit schädigenden Verhaltens sowie der Zumutbarkeit für die aufsichtspflichtige Person.

Geheimverstecke

Iris Nentwig-Gesemann (et al. 2021, S. 92) beschreibt in ihren aktuellen Studien zur Kita-Qualität aus der Perspektive von Kindern sehr anschaulich, was das Besondere an den von den Kindern selbst genannten Geheimverstecken war: „Oft waren dies entlegene Ecken im Garten, Hecken, Büsche oder Bäume, Tunnel oder Höhlen, in die Erwachsene nicht hineinpassen würden. Das Gemeinsame an diesen Orten der Kinder – das, was sie darüber erzählten, und was wir beobachten konnten – besteht aus mehreren Komponenten: Es sind Rückzugs- oder Versteckorte mit einem Nest- oder Höhlencharakter; Räume, die die Kinder nicht völlig von der Außenwelt abschirmen, ihnen wohl aber das Einnehmen eines eigenen Raumes im offenen/öffentlichen Raum der Kita ermöglichen; Orte, an die sie sich mit ihren Freund:innen zurückziehen und ungestört spielen können; unbestimmte und nicht pädagogisierte Orte, die sich im Spielen der Kinder in jeden von ihnen imaginierten Ort verwandeln können; es sind Orte ohne Spielzeug; Orte, an denen die Kinder auch einmal etwas ausprobieren können, was sie ansonsten nicht dürfen bzw. nicht zu dürfen meinen."

Gerade in Zeiten, in denen immer mehr Kita- und auch Schulkinder den ganzen Tag in öffentlichen Räumen verbringen und die eingangs von Christiane Grefe so anschaulich beschriebenen unkontrollierten Freiräume (zusammen mit anderen Kindern) immer weiter schrumpfen, müssen pädagogische Fachkräfte in Kita, Hort und Schulkindbetreuung darüber nachdenken, wie sie diese Freiräume – Zeiten des „Verlorengehens" – den Kindern in öffentlichen Räumen wieder ermöglichen können.

Qualitätsdimension „geheime Orte"

Aus der Sicht der Kinder trägt es – laut aktueller Kinderperspektivenstudien – zu ihrem raum-, zeit- und dingbezogenen Wohlbefinden in der Kita bei, „wenn sie ‚geheime', versteckte, unbestimmte, nicht didaktisierte Orte haben, in die sie sich zurückziehen und ungestört spielen können" (Nentwig-Gesemann/Fröhlich-Gildhoff 2022, S. 120). Neue Studien offenbaren eine eigene Qualitätsdimension aus Kindersicht: „Sich zurückziehen und an ‚geheimen' Orten ungestört sein". Die Kinder selbst sagen darüber: „Hier können wir ungestört spielen und unter uns was besprechen" (Nentwig-Gesemann et al. 2021, S. 88). In einer zunehmend (über-)regulierten und kontrollierten Welt sind es für die Kinder kleine Wohlfühloasen, unter sich sein zu können, Geheimnisse nur mit Freund:innen zu teilen. Diese Kinderkultur gilt es zu respektieren.

Kinder legen großen Wert auf Räume, die Rückzug ermöglichen und von Erwachsenen nicht einsehbar sind. Das Forschungsteam von Iris Nentwig-Gesemann ließ sich auch von den Kindern durch ihre Einrichtung führen, um geheime Orte gezeigt zu bekommen. Diese weisen nicht immer Besonderheiten auf, aber sie eröffnen

> Auch Kinder haben ein Recht auf (zeitweiligen) Schutz ihrer Privatsphäre.

besondere Möglichkeiten von Peerkultur. Hier ist es möglich, „sich zeitweilig der unmittelbaren Kontrolle und permanenten Sichtbarkeit im beaufsichtigten Raum der Kita zu entziehen" (Nentwig-Gesemann et al. 2017, S. 34). Auch gegenüber den Forscher:innen wurde von den Kindern der Anspruch formuliert, die geheimen Orte als solche zu akzeptieren, und weitere Nachfragen dazu wurden nicht immer freimütig beantwortet. Die befragten Kinder sind fähig zur

INTERVIEW MIT EINEM KITA-KIND ZU SEINEM GEHEIMVERSTECK

(aus: Nentwig-Gesemann 2017 et al., S. 35)

Interviewerin	Und (...) gibt es hier draußen einen geheimen Ort, von den Kindern?
Paula	ähm=ähm ich hab jetzt ne Freundin die heißt Elli, Elenor, und äh das ist auch nen äh nen Mädchen aus der aus meiner Gruppe und ist auch nen Delfin-Kind wie ich und und und dis und
Interviewerin	Warte
Paula	und Elli, das ist eigentlich auch mein geheimer Platz, ähm ist dis hier ihr Geheimversteck, weil hier, wenn man hier runtergeht, kann man leicht ausrutschen
Interviewerin	Jaa
Paula	und wenn dis einer mal erfahren hat, dann will er hier nicht mehr runtergehen und deswegen ist dis unsere unsere äh Geheimstelle; weil meistens gehen auch welche hier runter und hier sind Wurzeln
Interviewerin	Okay
Paula	(unverständlich)
Interviewerin	aber die Geheimstelle ist toll, die muss ich auch nochmal, halt nochmal, die muss ich unbedingt fotografieren
Paula	und hm, und hier haben wir noch (...) da hinten ka=man, was ich jetzt erfunden hab und was ich jetzt gut machen konnte und äh was ich jetzt guten spielen kann, hier kann man spielen, dass dis nen Räuberhaus wär und dass man die Polizei wär, da kann man mit Stöcken so an das Haus klotzen und so
Interviewerin	Was ist denn dein Lieblingsspiel, wenn du draußen bist?
Paula	ähm, Räuber und Polizisten spielen oder Geheimwelt
Interviewerin	Geheimwelt, kannst du mir das erzähl äh erklären wie, was
Paula	da macht man halt Sachen, die es in echt eigentlich gar nicht gibt, aber da macht man Sachen, die, die es in echt, die man eigentlich gar nicht machen kann, aber das macht man dann
Interviewerin	Zum Beispiel?
Paula	Zum Beispiel man geht jetzt in den Bärenwald mit Wölfen und so und dann und=und dann durch ein Fee und so, obwohl dis ja eigentlich gar nicht geht, aber das geht, bei der Geheimwelt geht das schon und dis spiel ich jetzt draußen am liebsten und ähm Räuber und Polizist; dann spielt aber, dann spielt gar keiner den Räuber, der ist dann aus Luft
Interviewerin	und alle sind die Polizisten?
Paula	ja alles die mitspielen.

Geheimverstecke und herausfordernde Höhen lassen sich auch selbst bauen.

Geheimhaltung und es ist ihnen möglich, sich in zwei Welten zu bewegen. Wer diese zweite, geheime Welt betreten darf, können die befragten Kinder selbst regulieren (vgl. König 2021). Das Teilen eines Geheimnisses und die Vorstellung, gemeinsam über exklusives Wissen zu verfügen, stärkt die Freundschaft zwischen den „wissenden" Kindern. Gleichzeitig sind die geheimen Orte auch soziale Lernorte: Die Kinder üben Kooperation, tragen Konflikte aus und erproben ihre Rolle in der Gruppe.

Geheime Orte werden von den Kindern gerne genutzt, um komplexe Rollenspiele mit ihren Freund:innen zu entwickeln, was leicht möglich ist, da die Orte einen unspezifischen Charakter haben und von den Kindern mit wechselnden Bedeutungen versehen werden können (z. B. „Räuber und Polizisten" oder „Bärenwald mit Wölfen"). Besonders attraktiv wird das Geheimversteck bisweilen auch dadurch, weil der Zugang gefährlich ist; beispielsweise kann man auf dem Weg dorthin ausrutschen oder sich an Dornenhecken verletzen.

3. Raufen und Balgen

Nicht selten stellen wir bei unseren Verhaltensbeobachtungen in Kitas fest, dass pädagogische Fachkräfte präventiv jede Form der körperlichen Auseinandersetzung zwischen Kindern unterbinden, sobald sie deren ansichtig werden. Selbst bei ernsthaften Konflikten zwischen Kindern sollten Fachkräfte nicht immer sofort eingreifen, wenn sie das Gefühl haben, dass die Kinder – ohne dass einer der Streithähne ernsthaft zu Schaden kommt oder immer zurückstecken muss – in der Lage sind, den Streit selbst zu beheben. Konfliktlösekompetenz kann nur anhand echter Konflikte erlernt werden.

Keinesfalls aber sollten Fachkräfte spielerische Aggression – also Raufen und Balgen mit spielerischem Antrieb – unterbinden, da es sich um ein wertvolles Sozialkompetenz- und beziehungsstärkendes Lernfeld der Kinder handelt. Das von ihnen dabei eingegangene Risiko liegt nicht nur in einer möglichen Verletzung, sondern auch in der Möglichkeit, den Kampf zu verlieren und eine Niederlage einstecken zu müssen. Auch damit umgehen zu lernen, ist ein wertvoller Erfahrungsgewinn neben gesteigerten Fähigkeiten an Koordination, Kraft, Ausdauer und Wahrnehmung. Kita-Teams sollten sich daher folgende Fragen stellen:

- Dürfen unsere Kinder raufen und sich balgen?
- Wie oft und wie schnell unterbrechen wir (scheinbar ernsthafte) aggressive Auseinandersetzungen von Kindern, ohne die Ernsthaftigkeit der Situation zuvor einzuschätzen und ohne den Kindern die Chance zu geben, den spielerischen Wettstreit auszutragen bzw. den ernsthaften Konflikt selbst zu lösen?

Ein genaues Hinschauen bei Kindern, die rangeln, ist also absolut geboten. Spielerisches Raufen erkennt man an dem Spaß, den beide Kinder dabei haben. Es wird viel gelacht. Aber auch daran, dass die „Kämpfer:innen" Grenzen einhalten und zum Beispiel vom anderen ablassen, wenn einer der beiden dies einfordert. Die spielerische Aggression ist eine spezielle Form des Sozialverhaltens, ein typisches Verhaltenselement im kindlichen und jugendlichen Gruppenspiel (vgl. Haug-Schnabel 2011). Aggressives Agieren und Reagieren werden nur gespielt. Es ist die eigenständige Bereitschaft zur spielerischen Auseinandersetzung, die die Kinder veranlasst, miteinander zu kämpfen, sich anzugreifen, zu verfolgen, sich zu verteidigen und zu fliehen. Es geht bei diesen Raufereien nicht nur um reines Kräftemessen (vgl. Wohlfarth 2019, Beudels/Anders 2018). Kinder ermuntern sich während des Kampfes oft gegenseitig, sich festzuhalten oder „richtig" zu kämpfen. Dabei gewinnt nicht immer derselbe, die Rangordnung ist immer wieder im Fluss.

> Ringen und Raufen lässt sich auch als gezieltes Angebot in den Kita-Alltag integrieren.

TYPISCHE ELEMENTE VON RAUFEN UND BALGEN, DER SPIELERISCHEN AGGRESSION

(vgl. Haug-Schnabel 2011):

- Die Kinder lachen oder lächeln.
- Es gibt Kampfpausen.
- Die spielerische Aggression ist für Außenstehende attraktiv (anfängliche Zaungäste steigen ins Spiel ein).
- Eingesetzte Verhaltenselemente aus „echtem" Angriffsverhalten werden von Beschwichtigungs- und Bindungssignalen begleitet, die den Spielcharakter der Situation eindeutig aufzeigen.
- Körperkontakt vor, während und nach dem Kampf.
- Oft verbale Aufforderung/Einladung zum spielerischen Kampf.
- Regieanweisungen während des Kampfes, gegenseitige Absprachen zwischen den beteiligten Kontrahent:innen.
- Rollentausch während des Kampfes (Angreifer:in/Angegriffene:r).
- Einzelne (besonders attraktive) Kampfabschnitte werden mehrmals wiederholt.
- Gegenseitige Hilfestellung und „Self-Handicapping" des/der Stärkeren, Schnelleren etc..
- Einzelne (zu gefährliche) Kampfhandlungen werden nur angedeutet oder als Drehbuch gesprochen.
- Die Kampfszenen sind, unabhängig davon wie sie ausgehen, in Spielsequenzen langer Dauer eingebettet.
- Es gibt auch gemeinsame spielerische Aggression mehrerer Kinder gegen einen Fantasiegegner.

Ringen und Raufen

Ringen und Raufen lässt sich auch als gezieltes Angebot für Jungen und Mädchen in den Kita-Alltag integrieren (vgl. Witt 2016). Ring- und Raufspiele wie Hahnenkampf oder Rückendrücken nach festgelegten Regeln sind ein spannendes, Sozialkompetenz steigerndes Bewegungsangebot, das sich auch sehr gut mit den Kindern nachreflektieren lässt: Was ist fair? Was ist unfair? Welche Regeln sollten wir ändern oder ergänzen? Wie unterscheidet sich „echtes Kämpfen im Streit" vom „spielerischen Balgen"? Derartige Angebote sollten unbedingt von Fachkräften durchgeführt werden, die selbst Spaß an spielerischer Auseinandersetzung mitbringen und daher das Angebot auch überzeugend vermitteln können. Hilfreich und teambildend wäre es auch, wenn die Fachkräfte, die daran Freude haben, immer wieder mal selbst Spaßkämpfchen (z. B. mit Schaumstoffröhren) miteinander ausfechten.

Viele Kampfsportarten wie Boxen, Ringen, Judo oder Karate eignen sich hervorragend, um spielerisches Kämpfen auf regelhafte Weise bereits in der Kita anzubieten. Im gewagten Kampf miteinander lernen Kinder nicht nur die eigene Kraft und die des Gegners oder der Gegnerin einzuschätzen, sondern auch Nähe und Distanz zu regulieren, festzustellen, was einem selbst und dem/der Gegner:in zu nahe ist, was einem wehtut, was man selbst und der/die andere nicht will. Im Judo lernt man beispielsweise als Allererstes, bevor man die erste Wurftechnik lernt, wie man richtig fällt, ohne sich dabei zu verletzen. Eine wichtige Fähigkeit, die man auch außerhalb von spielerischen Kämpfchen sehr gut brauchen kann.

Aus einer altersgemischten Einrichtung, in der 2- bis 14-Jährige betreut werden, wurde mir zugetragen, dass eine Gruppe von 10-Jährigen selbstständig einmal in der Woche einen Box- oder Stockkampf organisiert, für den die Kinder sogar Einladungskarten und Veranstaltungsposter erstellen. Die Kämpfe finden regelmäßig statt und sind für Teilnehmer:innen und Zuschauer:innen hoch attraktiv. Gleichzeitig kanalisieren sie vorhandene Spannungen in der Hortgruppe und verringern das Verletzungsrisiko, das eher bei ungeregelten Rangeleien auf dem Pausenhof besteht.

Fechten mit Stöcken und „Schwertern"

In manchen Kitas ist der Einsatz von Stöcken komplett verboten – egal, ob die Kinder damit gegen einen Baum oder den Stock eines anderen Kindes schlagen wollen oder ihn nur als Fantasiegewehr nutzen. Die DGUV (2020b, S. 31) gibt hier klare Hinweise, erteilt aber keineswegs ein generelles Stockverbot: „Das pädagogische Personal sollte mit den Kindern in Abhängigkeit vom Alter und den individuellen Voraussetzungen Regeln über das Spiel mit Stöcken vereinbaren, zum Beispiel, dass Stöcke nicht in die Gesichtshöhe anderer Kinder gehalten werden dürfen und nicht mit einem Stock in der Hand gerannt werden darf." Ein Stock ist ein zweckfreies, in seiner Funktion von den Kindern frei definierbares Werkzeug, das sie zum Bauen, zum Fantasiespiel oder eben auch zum Kämpfen nutzen können. Falls die Kinder Stöcke zum Kämpfen einsetzen wollen, müssen sie, genauso wie bei anderen Formen von Spaßkämpfen, vorher gemeinsam festlegen, was erlaubt ist und was nicht.

Auch ein spielerischer „Schwertkampf" mit weicherem Material hat für die Kinder eine hohe Attraktivität. Mit Rohrisolierung aus Polyethylen-Schaum, Plastikflaschen oder gestutzten Schwimmnudeln lässt sich hervorragend miteinander kämpfen, ohne echte Verletzungsgefahr. Zuvor sollten auch hier gemeinsam mit den Kindern Regeln vereinbart werden, damit kein Kind durch den Kampf überfordert wird:

- Nur wer kämpfen will, wird auch angegriffen;
- wer genug hat, teilt das mit und wird nicht weiter attackiert;
- auf den Kopf schlagen ist immer tabu.

VI

Draußen spielen: Risky Play als Grundlage des Angebots

Kinder, die viel draußen sind, sind nicht nur gesünder, sondern auch weniger verletzungsanfällig. Die anregungsreiche, ungestaltete Umgebung fördert motorische Geschicklichkeit, Kreativität und Selbstwirksamkeit. Das Spiel in der Natur bietet viele risikoreiche Situationen, die es erforderlich machen, mit den Kindern klare Verhaltensregeln zu vereinbaren.

1. Die spannende Welt „da draußen"

Den Innenbereich der Kita und auch das Außengelände können pädagogische Fachkräfte in vielerlei Hinsicht sicher(er) machen. Es gibt DIN-Normen, Brandschutzverordnungen, Spielgeräte-TÜV, Auflagen der Unfallversicherung, Hygieneauflagen des Gesundheitsamts und vieles mehr. Die Welt „da draußen", vor der Eingangstür der Kita, scheint demgegenüber unkalkulierbar und gefährlich.

Die Anzahl der nicht vorhersehbaren Risiken steigt zwangsläufig mit der Unstrukturiertheit der Umgebung. Aber gerade darin liegt auch der Reiz von dem „da draußen", der Natur, dem Wald. Die für die Kinder frei definierbaren Bildungsgelegenheiten von zweckfreiem natürlichen Material und unterschiedlichst geformter und vorhandener Pflanzen- und Bodenbeschaffenheit sind nahezu unbegrenzt. Der Umweltpädagoge Rudolf Hettich prägte für das freie Spielen und Experimentieren von Kindern mit Natur und Naturmaterialien den Begriff „Urspiel". Naturraumpädagogik als pädagogisches Konzept ist durch verschiedene reformpädagogische Strömungen geprägt und entwickelte sich in der alltagspraktischen Arbeit der Wald- und Naturkindergärten weiter (vgl. Wolfram 2021). Dabei werden Wald und Natur als Lernorte und Mittler:innen genutzt, um ganzheitliche Bildungsprozesse in Gang zu setzen. Die Natur ist der Entwicklungsmotor für entdeckendes, eigenaktives und vernetztes sinnliches Lernen.

Wissenschaftler:innen, die sich über angeborene Bedürfnisse von Kindern und adäquate Aufwachsbedingungen auch in modernen Zeiten Gedanken machen, postulieren dementsprechend, dass eine Kindheit, die nicht (auch) in der Natur, im Wald, im unstrukturierten Draußen stattfindet, verhindert, dass sich Kinder gesund entwickeln können (vgl. Renz-Polster/Hüther 2013, Sandseter 2010). Richard Louv (2011) konstatierte sogar ein „Natur-Defizit-Syndrom" als Ausdruck eines Krankheitsbildes.

2. Positive Auswirkungen von Naturerfahrungen

Wissenschaftliche Studien untermauern die positiven Auswirkungen der Natur auf die gesamte Entwicklung des Kindes – in mentaler, sozialer und körperlicher Hinsicht, aber auch im Hinblick auf Umweltbewusstsein und -bildung (vgl. Raith/Lude 2014). Kinder, die viel draußen sind (in einer komplexen, möglichst wenig strukturierten Umwelt), sind nicht nur gesünder, sondern auch weniger verletzungsanfällig. Kristine Engemann von der Universität Aarhus in Dänemark konnte 2019 anhand von Satellitenbildern nachvollziehen, in welcher landschaftlichen Umgebung 900.000 ihrer Landsleute ihre Kindheit verbracht hatten: Jene mit viel Grün in Wohnortnähe litten später deutlich seltener an psychischen Erkrankungen als solche, die in urbanen Betonvierteln aufgewachsen waren.

> Die Natur ist der Entwicklungsmotor für entdeckendes, eigenaktives und sinnliches Lernen.

Ehemalige Kinder aus Waldkindergärten zeigen später in der Schule bessere Leistungen als Schüler:innen, die einen Standardkindergarten besucht haben. Besonders spannend sind Befunde, die darauf hindeuten, dass Kinder mit Aufmerksamkeits- und Hyperaktivitätsproblematiken im Wald weniger auffällig sind als in strukturierten Schulsituationen und dass von vielen Naturkontakten in der Kindheit ein präventiver Schutz gegen Verhaltensauffälligkeiten wie ADHS ausgeht (vgl. Moser 2022).

Natur- und Waldkindergärten gibt es in Deutschland seit 1968; seitdem ist ihre Zahl stetig gestiegen und liegt mittlerweile bei über 2.000. In Naturkindergärten kommen neben dem Wald auch Naturräume wie Bach, Wiese/Heide, Bauernhöfe etc. infrage. Auch echte Waldkrippen für Kinder unter 3 Jahren sind inzwischen gegründet worden, meist aber nur bis mittags geöffnet. Offensichtlich bedient der naturpädagogische Ansatz ein kindliches Bedürfnis, das vor allem in stark urbanisierten Gegenden, in denen viele Kinder aufwachsen, nicht mehr ausreichend befriedigt werden kann. Auch „normale" Kindergärten versuchen, durch naturnahe Gestaltung ihres Außengeländes und fest eingeplante Waldtage wieder etwas mehr Wildnis in den kindlichen Alltag zu bringen. Eine durchdachte und

Hügel im Außengelände fordern zu gewagten Aktivitäten heraus.

Mithilfe eines Seils bewältigen auch die Jüngeren steile Abhänge.

vielfältig „gestaltete Wildnis“ ermöglicht es der Kita, das Außengelände als echte Bildungswerkstätte zu etablieren (vgl. Lange/Stadelmann 2012).

Die vielfältigen positiven Folgen des Draußenspielens auf die kindliche Entwicklung beschreibt auch Richard-Elsner. Durch die gesteigerte Bewegung und die anregungsreiche Umgebung der Natur werden nicht nur die motorische Entwicklung, Naturerfahrungen und die Fähigkeit, innere Landkarten (mit subjektiven, emotionalen Zuschreibungen zu Orten) zu erstellen, gestärkt, sondern auch die Entwicklung des eigenen Selbstkonzepts sowie Risikokompetenz. Auch alltagsbasierte Sprachförderung findet verstärkt statt, da „Kinder, die auf anregungsreichen Flächen pädagogisch unangeleitet spielen, (…) mehr [sprechen] als Kinder auf Spielplätzen oder monotonen Schulhöfen, weil sie in den Spielsituationen verhandeln müssen. Sie erleben etwas, was sie im Gespräch weitergeben und verarbeiten“ (Richard-Elsner 2018, S. 5).

Kindern im Außengelände der Kita und bei Natur- und Waldtagen ausreichend Gelegenheit zum ungeplanten Draußenspiel zu geben, kann kompensieren, was vielerorts in Familien nicht mehr stattfindet. Die Hälfte der Kinder spielt heute nicht mehr mehrmals in der Woche draußen; das betrifft vor allem Kinder aus sozial benachteiligten Verhältnissen (vgl. Blinkert et al. 2015). Draußenspiel benötigt, um seine Wirkung entfalten zu können, aber auch eine gute Qualität.

3. Natur fordert gewagtes Spiel heraus

Dass Waldkindergärten Risky Play fördern, zeigt auch die österreichische Befragungs- und Beobachtungsstudie von Hafner (2020). Dies betrifft sowohl das Angebot als auch die Nutzung von Wagnisspielen. „Geländekuppen und Vegetation (hohes Gras, Sträucher, Bäume) schaffen einerseits schwer einsehbare – und deshalb für Kinder besonders interessante – Spielbereiche, aber auch die Möglichkeit und Notwendigkeit zur Anwendung unterschiedlicher Bewegungsstrategien (krabbeln, robben, rutschen, klettern, abseilen etc.). Ständig zugängliche ‚Spielmaterialien‘ (…) und Werkzeuge laden zum freien Manipulieren ein“ (Hafner 2020, S. 57). Die pädagogischen Fachkräfte in Waldkindergärten erwiesen sich dabei – im Vergleich zu Standardkindergärten – als toleranter in ihren Erziehungsreaktionen und traten häufiger als aktiv Fördernde oder Mitspielende von Wagnisspielen auf. Die Befunde untermauern den großen Einfluss der Umgebungsbedingungen auf die Häufigkeit gewagter Spielszenen.

Selbstwirksamkeit und -organisation sind große Impulsgeber von Risky Play in naturnaher Spielumgebung, denn Natur ist unfertig und veränderbar (vgl. Hafner 2020). Natur(raum)-pädagogik lebt von solchen unferti-

DREI MERKMALE DER AUFSICHTSPFLICHT IM WALD

(vgl. DGUV 2020b)

- Kontinuierliche Aufsicht bedeutet grundsätzlich ununterbrochene Aufsicht. Da jedoch nicht immer alle Kinder gleichzeitig im Auge behalten werden können, ist es wichtig, dass sich die Kinder durch die Anwesenheit des pädagogischen Personals beaufsichtigt fühlen, zum Beispiel durch regelmäßige Beobachtung von Spielsituationen durch die pädagogischen Fachkräfte. Kinder sollten daher gerade im Wald nicht außer Sichtweite gelassen werden.
- Eine aktive Aufsichtsführung beinhaltet die Überprüfung von aufgestellten Regeln. Den Kindern muss klar sein, dass das Nichteinhalten von vereinbarten Regeln Konsequenzen nach sich zieht.
- Präventiv ist die Aufsicht, wenn sie vorausschauend, unter Berücksichtigung der vorhandenen Gefahren wahrgenommen wird. Gerade im Wald setzt dies ein umfangreiches Wissen aller Beteiligten voraus.

gen Situationen und der Balance zwischen Sicherheit und Wagnis. Im Wald veranlassen immer wieder veränderte Bewegungsherausforderungen die Auseinandersetzung mit Grenzerfahrungen, wenn beispielsweise ein Baumstamm zum Balancieren nach einem Regentag plötzlich nass und rutschig wird oder ein kleiner Wasserlauf zu einem stark strömenden Bach angewachsen ist. Verschiedene im Wald von den Fachkräften und Kindern aufgesuchte Orte weisen zudem unterschiedliche topografische Gegebenheiten, Bodenbeschaffenheiten und andere sich verändernde Strukturen auf. Kinder erwerben so eine hohe Flexibilität, um das gegenwärtig gegebene Wagnis ihren individuellen und aktuellen Bedürfnissen anzupassen.

> Natur(raum)pädagogik lebt von der Balance zwischen Sicherheit und Wagnis.

4. Aufsichtspflicht gilt auch im Wald

Natur und Wald bieten zahlreiche risikoreiche Momente; Situationen, in denen Kinder und pädagogische Fachkräfte Entscheidungen treffen müssen, ob die Risikokompetenz des Kindes ausreicht, die anstehende Aufgabe zu lösen. Die Fachkraft „erlaubt nach gemeinsamer Abwägung mit dem Kind so viel Selbstbestimmung wie möglich, aber so viel Grenzen wie nötig, damit die Sicherheit des Kindes gewährleistet bleibt" (Schwarz 2020). Auch Wald- und Naturkindergärten benötigen eine Betriebserlaubnis. Um den besonderen Bedingungen in einem Waldkindergarten hinsichtlich der Aufsichtspflicht zu genügen, müssen die länderspezifischen Auflagen der Jugendämter beachtet werden (vgl. DGUV 2020b). Das erforderliche Maß der Aufsicht sollte sich dabei an den drei Merkmalen „kontinuierlich", „aktiv" und „präventiv" orientieren (siehe Kasten S. 41). Bezüglich Umfang und Intensität der Aufsicht sollte aber immer auch dem pädagogischen Ziel, die Kinder zu Selbstständigkeit und Übernahme von Eigenverantwortung zu erziehen, Rechnung getragen werden.

Verhaltensregeln im Wald

Die deutsche gesetzliche Unfallversicherung gibt in ihren Publikationen wertvolle Hinweise zu den Chancen, sowie Gefahren des Aufenthalts mit Kindern im Wald (vgl. DGUV 2020b) und beschreibt wichtige Verhaltensregeln und Vorsichtsmaßnahmen. Zur Aufsichtspflicht der Kita-Fachkräfte gehört auch, das Gelände im Vorfeld der Aufenthalte im Wald zu besichtigen und schon vorab eine präventive Gefährdungsbeurteilung vorzunehmen. Die Bedingungen im Wald sind weitgehend vorgegeben und unveränderbar und lassen sich nicht einfach wie bei der (Um-)Gestaltung eines Kita-Außengeländes den gewünschten Sicherheitsanforderungen anpassen. Darum ist es von besonderer Bedeutung, gemeinsam mit den Kindern Verhaltensregeln zu vereinbaren und diese je nach örtlichen Gegebenheiten sinnvoll zu ergänzen (vgl. ebd.).

Auch in der „Lernwerkstatt Natur", die 2004 – unter pädagogischer Begleitung durch Gerd Schäfer und Marjan Alemzadeh – in Mülheim an der Ruhr in der Parkanlage „Witthausbusch" errichtet wurde, steht im Fokus, Natur in ihrer Vielfalt kennenzulernen und dafür auch Wagnisse an Steilhängen, Bachläufen und glitschigen Bäumen einzugehen (vgl. Schäfer/Alemzadeh 2012). Alle Kitas in Mülheim können einmal im Jahr für jeweils eine Woche das extra gebaute Forscherglashaus und die Parkumgebung für ihre Entdeckungen und Forschungen nutzen. In kleinen Gruppen machen sie sich auf den Weg in den Wald, sammeln, beobachten, stellen Fragen, spielen und lernen. Zurück im Forscherglashaus haben die Kinder verschiedene Erwachsenenwerkzeuge zur Verfügung, mit denen sie selbstbestimmt Naturmaterialien untersuchen und verstehen können.

REGELN FÜR DEN AUFENTHALT IM WALD

(vgl. DGUV 2020b, S. 39 f.)

- Die Kinder bleiben in Sicht- bzw. Hörweite. Vereinbarte Aufenthaltsbereiche dürfen ohne Rücksprache mit den Erzieherinnen und Erziehern nicht verlassen werden.
- Es dürfen grundsätzlich keine Waldfrüchte (wie Beeren, Gräser, Pilze) in den Mund gesteckt bzw. gegessen werden.
- Es wird kein Wasser aus stehenden oder fließenden Gewässern getrunken.
- Wildtiere, Kadaver und Kot dürfen nicht angefasst werden.
- Sitzen oder balancieren ist nur auf sicher aufliegenden Baumstämmen erlaubt. Gestapeltes Holz darf nicht betreten werden. Auf feuchten oder bemoosten Baumstämmen wird nicht balanciert.
- Stöcke werden nicht in Gesichtshöhe gehalten. Es wird nicht mit einem Stock in der Hand gerannt. Es dürfen keine Stoßbewegungen in Richtung anderer Kinder erfolgen.
- Es wird nur auf Bäume geklettert, die dafür von den Erzieherinnen und Erziehern ausgewählt wurden.
- Der Aufenthalt im gekennzeichneten Bereich von Waldarbeiten ist verboten.

VII

Begleitung durch die Fachkräfte und Elterninformation

Die Herausforderung bei der Begleitung von gewagtem Spiel der Kinder besteht darin, die richtige Balance von Gewährenlassen und Eingreifen zu finden, um die kindliche Selbstsicherheit und Risikokompetenz zu fördern. Hierfür gilt es auch, den Eltern deutlich zu machen, welche Entwicklungschancen im Zulassen dosierter Risiken im Kita-Alltag liegen.

1. Begleitung beim gewagten Spiel

„Die Grenze der erforderlichen Maßnahmen richtet sich danach, was einer verständigen Aufsichtsperson in der konkreten Situation vernünftigerweise abverlangt werden kann“, lautet das Credo einer Entscheidung des Bundesgerichtshofs (Schnurr 2022, S. 7). Konzentrieren sich beispielsweise zwei pädagogische Fachkräfte bei der Begleitung im Außengelände auf besonders gefahrenträchtige Orte wie Nestschaukel und Klettergerüst und gleichzeitig verunfallt ein Kind unbemerkt am Geländer der Rutsche, ist den Fachkräften kein Fehlverhalten und keine Aufsichtspflichtverletzung vorzuwerfen. Natürlich sind sie aber auch diejenigen, die den Eltern erklären müssen, wie es passieren konnte, dass ihr Kind trotz Präsenz der Fachkräfte abstürzen und sich eine Platzwunde zuziehen konnte.

Wie viel Wagnis beim Spiel kann jede einzelne Fachkraft zulassen?

So unterschiedlich die Bereitschaft der Kinder ist, Risiken im Spiel einzugehen, so unterschiedlich ist auch die Bereitschaft der pädagogischen Fachkräfte, diese Risiken bei den Kindern zuzulassen (vgl. Selbstbefragung Kapitel I.2). Dies hängt zum einen von der grundsätzlichen pädagogischen Ausrichtung des Trägers und des Kita-Teams ab – Wald- und Bewegungskitas sind hier klar im Vorteil –, andererseits von den Bildungs- und Erziehungszielen der jeweiligen Familien und natürlich von der persönlichen Einstellung der einzelnen Fachkraft. Ist sie selbst risikobereit, weil sie die innerliche Belohnung von Grenzerfahrungen noch gut in Erinnerung hat, oder eher sicherheitsbetont, weil sie in der eigenen Familie oder in einer Einrichtung bereits einen schweren Unfall eines Kindes erlebt hat und von diesem (traumatischen) Erlebnis noch geprägt ist? Wie gut weiß sie über Grenzen der Aufsichtspflicht und Haftung Bescheid? Wie wichtig ist ihr der Bildungs- und Erziehungsauftrag hinsichtlich Risikokompetenzförderung und Unfallprävention der Kinder?

> Die Bereitschaft, Risiken bei den Kindern zuzulassen, variiert von Fachkraft zu Fachkraft.

Kann die pädagogische Fachkraft nur bestimmte Kategorien gewagten Spiels schlecht aushalten, könnte die Lösung darin bestehen, die Aufsicht am Kletterbaum der diesbezüglich weniger ängstlichen Kollegin zu überlassen und selbst vielleicht das temporeiche Skateboardfahren oder das Schnitzen mit dem Messer zu beaufsichtigen, was sie dann – ohne eigene Ängste zu übertragen – begleiten kann. Auf jeden Fall ist eine Abstimmung hinsichtlich „Umgang mit gewagtem Spiel“ mit der Leitung und dem Gesamtteam sinnvoll, damit Kinder ihre Risikoerfahrungen nicht nur zu bestimmten Zeiten mit bestimmten Fachkräften machen dürfen.

Wenn es um Unsicherheiten hinsichtlich eines schwierigen Elterngesprächs über verschmutzte oder beschädigte Kleidung des Kindes oder eine erlittene Verletzung geht, kann Sicherheit durch die passive Begleitung einer Kollegin bzw. eines Kollegen im Gespräch mit den Eltern gewonnen werden oder eine Fortbildung zum Thema „schwierige Elterngespräche führen“ besucht werden, die vielerorts angeboten werden (vgl. auch Sauermann 2019, Lindner 2019).

Balance zwischen Aufsichtspflicht und Bildungsauftrag

Die Herausforderung bei der Begleitung von gewagtem Spiel der Kinder ist es, die richtige Balance zwischen Gewährenlassen und Eingreifen zu finden, den Spagat zwischen Aufsicht ausüben einerseits und Freiräume gewähren und Selbstständigkeit fördern andererseits hinzubekommen. Neben der Aufsichtspflicht (siehe Kapitel VIII) und möglichen Haftungsfolgen bei deren fahrlässiger Verletzung gilt es auch – auf der anderen Seite der Waagschale – dem gesetzlich formulierten Erziehungs- und Bildungsauftrag nachzukommen (§1, §26 SGB VIII, §1626 BGB): dem Recht auf Förderung und Erziehung von Kindern zu eigenverantwortlichen und gemeinschaftsfähigen Persönlichkeiten.

Aufsichtspflicht verpflichtet nicht zu größtmöglicher Kontrolle! Viele Aspekte der pädagogischen Grundauffassung eines Kita-Teams, die auch in der Konzeption abgebildet sind, unterstützen die Förderung des gewagten Spiels, weil es darum geht:

- einen Rahmen zu schaffen für die größtmögliche Eigenaktivität und Selbstständigkeit des Kindes,
- Kinder dosiert Risiken und Gefahren bewältigen zu lassen, damit sie lernen, damit umzugehen,
- unterschiedliche Entwicklungsbedürfnisse zu berücksichtigen,
- das kindliche Interesse an selbstbestimmten Lernprozessen (des kindlichen Spielraums) zu unterstützen.

Verängstigen oder vertrauen?

Nicht nur die eigene Erfahrung, sondern auch das Bild, das pädagogische Fachkräfte und die anderen Kinder einem Kind zurückspiegeln, beeinflusst dessen Selbstkonzept. Werden beispielsweise die Kletterversuche des Kindes mit ängstlichen Blicken und sprungbereiter Körperhaltung von der Fachkraft beobachtet oder mit aufmerksamem Interesse und Zutrauen vermittelnder Körpersprache? Je positiver das durch die Reaktionen der anderen gebildete Selbstkonzept ausfällt, desto überzeugter ist ein Kind davon, neuartige und schwierige Anforderungen bewältigen zu können, was wiederum seine „Weitergeh-Motivation" steigert (vgl. Bensel et al. 2020).

Im Rahmen von Beobachtungen in Kitas sind häufig bei Kletterversuchen der Kinder Kommentare zu hören wie „Pass auf, dass du nicht runterfällst und dir wehtust!". Erwachsene schränken kindliche Bewegungsexperimente ein oder verhindern sie möglicherweise, wenn sie damit verbundene Gefahren in den Vordergrund stellen und „den Teufel an die Wand malen". Gibt die pädagogische Fachkraft jedoch sachliche Hinweise und signalisiert durch Mimik und Körperhaltung Zutrauen und Machbarkeit, wachsen Selbstvertrauen und Körpergefühl des Kindes. Unterstützend wirken auch konstruktive Kommentare. Deshalb sollten möglichst lösungsorientierte und Zuversicht vermittelnde Fachkräfte die Aufsicht und Begleitung bei herausfordernden Bewegungsangeboten übernehmen. Damit eine professionelle Begleitung durch die Fachkräfte gelingt, ist es wichtig, auch die eigenen Ängste in den Blick zu nehmen und diese zu reflektieren. Denn gerade bei selbst verspürten Ängsten ist die Gefahr, diese auf die Kinder zu projizieren, besonders groß.

Es geht um den Unterschied zwischen „Fall nicht runter" und „Bleib oben", also um den Unterschied zwischen einer negativen und einer positiven Botschaft. Wer „Fall nicht runter" hört, wird eher verunsichert und fällt dadurch wahrscheinlich eher runter; wer „Bleib oben" hört, fühlt sich ermutigt und bleibt eher oben. Innere Probesätze zum Einüben Gefahren benennender, aber nicht ängstigender Aussagen können hierbei hilfreich sein (siehe Kasten). Dieser „Sprachkurs" eröffnet einen neuen Zugang zum Kind. Denn Mädchen und Jungen fühlen sich so ernst genommen und lernen, ihre Möglichkeiten – aber auch Risiken – immer realistischer einzuschätzen. Dadurch können sie sich in der Welt der Bewegung selbstbewusster und sicherer zurechtfinden.

> Signalisiert die Fachkraft Zutrauen und Machbarkeit, wächst das Selbstvertrauen des Kindes.

„Dennoch gibt es bestimmte Bedingungen, die die Wahrscheinlichkeit zu verunfallen erhöhen: zum Beispiel ist das Unfallrisiko bei Kindern aus sozial benachteiligten Familien um das Zwei- bis Dreifache größer. Kinder, die unruhig und impulsiv sind und eine Störung des Sozialverhaltens aufweisen, sind besonders häufig von Unfällen betroffen. Auch wenn Eltern ihre Selbstwirksamkeit (...) als gering einschätzen oder unter depressiven Störungen leiden, sind ihre Kinder einer stärkeren Unfallgefährdung ausgesetzt" (Abel/Barthel 2003).

SPRACHKURS GEGEN ANGST UND FÜR MACHBARKEIT

(vgl. Bensel et al. 2020, S. 54)

- „Fallt nicht hin! Stolpert nicht!"
  Besser: „Hier wird's rutschig! Achtung, lockere Steine!"
- „Ihr werdet gleich stürzen!"
  Besser: „Etwas langsamer, das ist eine sehr steile Stelle!"
- „So weit kannst du nicht springen! Wehe, du fällst rein!"
  Besser: „Nimm doch erst mal den großen Stein als Zwischenstation."
- „Ich habe Angst, das geht nicht gut!"
  Besser: „Traut ihr euch zu zweit da runter, wenn ihr euch an den Händen haltet? Dann merkt ihr, ob es geht!" oder „Man kann hier weiterlaufen, muss aber sehr achtsam sein!"
- „Ihr werdet euch wehtun!"
  Besser: „Achtung! Hier liegen Glasscherben, da müsst ihr besonders gut aufpassen!"
- „Das kann nur schiefgehen!"
  Besser: „Stopp, mach das nicht, das ist zu riskant! Wir finden einen anderen Weg."

2. Risikoerleben von Mädchen und Jungen

Noch sind 93% der pädagogischen Fachkräfte weiblich (in der Krippe sogar 97%) und das hat Konsequenzen: Geprägt durch eigene Erfahrungen innerhalb ihrer Sozialisation haben viele weibliche Fachkräfte Probleme mit „wilden Spielen" und mit körperlich ausgetragenen Konflikten (vgl. Haug-Schnabel 2010). Erzieherinnen können körperliche Auseinandersetzungen unter Kindern oft nur schwer aushalten, „weil sie selbst als Mädchen damit keine Erfahrungen gesammelt haben, oder wenn, dann nur als Opfer" (Dittrich et al. 1997, S. 18).

Wenn kleine Jungen ihre Konflikte bevorzugt kämpferisch lösen, Erzieherinnen jedoch aufgrund ihrer eigenen Sozialisation mit körperlicher Aggression möglicherweise nicht klarkommen, besteht die Gefahr, dass die normalen, durchaus handfesten Auseinandersetzungen der Jungen überbewertet werden (vgl. Haug-Schnabel 2011). Den Beobachtungen nach bieten Kitas, in denen Frauen und Männer erziehen und dort Vorbildrollen übernehmen – auch beim Konfliktlösen – ein breiteres Strategienspektrum und mehr Möglichkeiten zur spielerischen Aggression, dem Paradebeispiel für Wahrnehmungs- und Fairnessübung (siehe auch Kapitel V.2). Spielerisch können Kinder dann ihre Kräfte erproben und gleichzeitig Werte wie Fairness und Toleranz vermittelt bekommen. Auffällig ist, dass die männlichen Kita-Fachkräfte mehr Bewegungsspiele und herausfordernde Aktionen im Innen- und vor allem im Außenbereich ermöglichen und gestatten. Auch Väter fördern motorische und spielerische Aktivitäten ihrer Kinder mehr und bieten sie auch eher an, als dies Mütter tun (vgl. Seiffge-Krenke 2004).

> Durch ihre eigene Sozialisation haben viele weibliche Fachkräfte Probleme mit wilden Spielen.

Mädchen werden von ihren Eltern viel eher als Jungen zur Vorsicht angehalten.

Unterschiedliche Risikosozialisation

Die Arbeiten der kanadischen Psychologin Barbara Morrongiello und ihres Teams (2000) zeigen, dass Mädchen und Jungen neben hormonellen Unterschieden mit Auswirkungen auf ihre Reaktionsstärke und Impulsivität, Abweichungen im Aktivitätsniveau und bei der Abenteuerlust auch völlig verschiedene Antworten ihrer Umwelt auf riskante Situationen erleben.

Eine durchschnittliche Risikosozialisation bei Mädchen sieht folgendermaßen aus: Taucht in den Augen der Eltern ein Risiko auf, warnen sie das Mädchen vor riskantem Verhalten, halten es zurück und benennen eine drohende Verletzungsgefahr. Kommt es tatsächlich zu einem Unfall, so schreiben sie die Ursache dafür dem Fehlverhalten des Mädchens zu: deine Schuld. Die Konsequenz: Ändere dein Verhalten, gehe kein Risiko mehr ein. Nach dieser Vorgeschichte schätzt das Mädchen ein Risiko eher größer ein, was seine Risikobereitschaft verringern wird. Es akzeptiert, dass Risiken sozial nicht erwünscht sind und somit riskantes Verhalten außerhalb eines für ein Mädchen vorgesehenen Orientierungsrahmens liegt. Durch das Vermeiden riskanten Verhaltens wird es (vermutlich) weniger Unfälle haben. So bleibt bei den Eltern wie auch beim Mädchen selbst eine Desensibilisierung gegenüber Unfällen aus.

Die Risikosozialisation bei Jungen sieht (ähnlich schematisch dargestellt) dagegen so aus: Eltern ermuntern Jungen zu riskantem Verhalten und erwarten dieses eigentlich auch von ihnen. Kommt es nun aufgrund riskanten Verhaltens zu einem Unfall, so wird dieser als „Pech gehabt" eingestuft, denn dass Jungen verunfallen, gehört dazu, ist normal. Die Konsequenz für den Jungen (und auch für die Eltern) ist, riskantes Verhalten als weniger problematisch zu sehen, ein Risiko deshalb eher als klein einzuschätzen. Diese Voraussetzungen erhöhen die Risikobereitschaft des Jungen, zumal aus Elternsicht bei ihm riskantes Verhalten durchaus dazugehört und innerhalb seines zugebilligten Handlungsrahmens liegt. Es wird zu einer Wiederholung riskanten Verhaltens kommen, mehr Unfälle werden wahrscheinlich. Doch es entwickelt sich eine Desensibilisierung gegenüber Unfällen, weil diese in einer Jungensozialisation als „normal" bewertet werden.

Dass Kinder sich riskant verhalten, gehört zur kindlichen Entwicklung dazu. Deshalb sollten Erwachsene Mädchen wie Jungen den eigenaktiven Erwerb von Risikokompetenz ermöglichen. Unbekannte Situationen und kalkulierbare Risiken sollten für sie ein Entwicklungspotenzial darstellen, um das pädagogische Fachkräfte wie Eltern sie – auch um der Unfallverhütung willen – nicht bringen dürfen.

Gelangweilte Kinder in gezähmten Umwelten

Einhergehend mit zunehmend langen Verweilzeiten von Kindern in außerfamiliären Betreuungseinrichtungen häufen sich die Berichte über „vagabundierende" Jungen (meist über 5 Jahre), die „eigentlich nur Quatsch machen oder herumtoben und Unruhe stiften" (Haug-Schnabel 2020, S. 71). Wo könnten die Ursachen für dieses Verhalten liegen? Das störende Verhalten der Jungen könnte zum Teil auch systembedingt sein, da ihre Interessen und Bedürfnisse oft weniger gesehen und deshalb auch weniger motivierend beantwortet werden. Gelangweilte große Jungen „vagabundieren" vielleicht auf der Suche nach neuem „Erfahrungsstoff" durch die Einrichtung, weil ihnen interessante Tätigkeiten, beeindruckende neue Erfahrungen und sie motivierende neue Erlebnisse fehlen – und dazu gehören auch die vielen Varianten wilden und gewagten Spiels.

Gelangweilte große Mädchen fallen hier möglicherweise weniger auf, weil sie gelernt haben, ihre Langeweile in – aus Erwachsenensicht – weniger störende Aktivitäten zu lenken oder weil das vorhandene Angebot tatsächlich eher ihren Interessen entspricht. Sie sollten aber genauso zu gewagtem Spiel ermuntert und herausgefordert werden wie die Jungen, um ihre Risikokompetenz zu steigern. Und dies insbesondere durch erwachsene weibliche Vorbilder und nicht nur durch die üblicherweise für bewegungs- und werkstattintensive Tätigkeiten abgestellten männlichen Kollegen.

Geschlechtsspezifische Neigungen der pädagogischen Fachkräfte können dazu führen, dass Ausgestaltung und Angebotsstruktur eher weibliche Interessen widerspiegeln (vgl. Brandes 2016). Wettkampfspiele werden eher abgelehnt, grobmotorische Herausforderungen fehlen für längere Zeiten am Tag (vor allem drinnen) und Risikovermeidung steht im Vordergrund. Münden diese Überlegungen in Wagnisherausforderungen für alle daran interessierten Kinder, völlig unabhängig von ihrem Geschlecht, kann dies als eine höchst professionelle Antwort auf die vom Team gemachten Beobachtungen zur Vielfalt unter den Kindern gewertet werden (vgl. Haug-Schnabel 2020).

3. Elterliche Ängste, elterliche Einstellung

Der Umgang mit Kindern hat sich in den letzten Jahrzehnten gravierend verändert. Kinder haben einen materiellen Bedeutungsschwund erfahren und dafür eine emotionale Bedeutungsaufwertung erhalten. Kinder werden nicht mehr für etwas, was sie tun, anerkannt, sondern als etwas (vgl. Dornes 2007). Viele Eltern investieren viel Geld, Zeit und Emotionen

> Erwachsene ermuntern Jungen eher zu riskantem Verhalten.

in die ein oder zwei Kinder, die sie in ihrem Leben haben (80 % der Familien sind Ein- oder Zweikindfamilien). Für diese Eltern ist das Bedürfnis, dass ihre Kinder behütet und sicher aufwachsen, auch in der Zeit, in der sie nicht selbst auf sie aufpassen können, entsprechend hoch. Martin Dor-

Alle Kinder sollten dosierte Risiken eingehen dürfen.

nes spricht in diesem Zusammenhang sogar von einem Zustand „fürsorglicher Belagerung".

Auch die Zersiedelung von Wohngebieten und das Ausdünnen sozialer Netze in der Wohnumgebung haben Auswirkungen auf das Verhalten der Eltern. Zunehmende Anonymität und ein steigendes – medial geschürtes – Unsicherheitsgefühl, einhergehend mit einer Angst vor Kontrollverlust, führen dazu, dass Eltern unbeaufsichtigtes Draußenspielen argwöhnisch

> Ein herausfordernder Umgang mit Risiken in der Kita ist von vielen Eltern nicht gewünscht.

betrachten. Sie befürchten Unfälle, Kriminalität oder Klagen anderer Erwachsener, was insgesamt zu einer abnehmenden Akzeptanz von Kindern im öffentlichen Raum führt (vgl. Richard-Elsner 2018). Die Kita ist ein geschützter öffentlicher Raum, für den Eltern sich ähnliche Sicherheit wünschen wie im häuslichen Rahmen. Zu viel Freiraum, Unbeaufsichtigtsein und herausfordernder Umgang mit Risiken in der Kita ist von vielen Eltern nicht gewünscht und verängstigt sie.

Auch wenn Eltern ihre Kinder früh zur Selbstständigkeit erziehen und die individuelle Auswahl von Spielinhalten, Speisen oder Ähnlichem bereits im Kleinkindalter große Bedeutung hat, beschränken sich diese Freiräume meist nur auf den Bereich der „psychologischen Autonomie" (vgl. Keller 2015). Individualität und Entscheidungsfreiheit stehen dabei im Vordergrund. Handlungsautonomie dagegen ist in westlichen Mittelschichtsfamilien meist kein dezidiertes Erziehungsziel mehr. In ursprünglichen Dorfgemeinschaften, die vielerorts noch in afrikanischen und asiatischen Ländern bestehen, ist Handlungsautonomie jedoch ein zentrales Sozialisationsziel und unterstützt Kinder dabei, früh zu lernen, einfache Handlungsanweisungen selbstständig auszuführen und im Alltag anfallende Routinehandlungen selbstverantwortlich zu übernehmen. Ziel ist es, das Kind möglichst schnell an die Lebenswelt der Erwachsenen heranzuführen. Dafür müssen die Kinder bereits früh echte Werkzeuge einsetzen, um echte Beiträge für die soziale Gemeinschaft leisten zu können. Einige Formen des Risky Play, wie zum Beispiel der Umgang mit gefährlichem Werkzeug oder den Naturelementen, würden von traditionalen Gemeinschaften sicher nicht als gewagtes Spiel bezeichnet werden, sondern als notwendige kindliche Aktivität.

Aber auch innerhalb westlicher Industrienationen finden sich unterschiedliche kulturelle Vorstellungen zum Umgang mit gewagtem Spiel. In Norwegen beispielsweise beschweren sich die Eltern bei den Fachkräften, wenn ihre Kinder längere Zeit ohne blaue Flecken und schmutzige Kleidung nach Hause kommen; offensichtlich hatten sie zu wenig Gelegenheit für Draußenspiel und Risky Play.

Eltern überzeugen

Elterliche Ängste und Sicherheitsbedenken haben also auch ihren Ursprung in veränderten Lebens- und Aufwachsbedingungen. Sie sollten verstanden und ernst genommen werden. Gleichzeitig sollten pädagogische Fachkräfte besorgten Eltern verdeutlichen, welche Entwicklungschancen im Zulassen dosierter Risiken im Alltag liegen und welche Bedürfnisse der Kinder ungestillt bleiben, wenn sie nicht immer wieder auch Lernerfahrungen an der schaurig-schönen Grenze zur Angst machen dürfen. Fachkräfte sollten Eltern klarmachen, wie wichtig das Zutrauen in kindliche Eigenverantwortung und Lernen an der Grenze ist. Sie müssen sich dafür aber auch mit ihrer eigenen Risikobereitschaft auseinandersetzen, um authentisch und überzeugend mit Einwänden und Vorwürfen der Eltern umgehen zu können, wenn diese ihr Kind mit zerrissener Hose und Schürfwunden abholen oder es sogar wegen einer Wunde an Kopf, Arm oder Bein ärztlich behandelt werden muss.

Es ist wichtig, dass die Eltern über Elternabende, Bildungs- und Lerngeschichten (Portfolios), sprechende Wände, Informationsschriften sowie die pädagogische Konzeption informiert werden und auch gemeinsame Risky-Play-Gelegenheiten in der Kita angeboten werden, bei denen Eltern gemeinsam mit den Kindern mit echtem Werkzeug arbeiten, auf Seilgärten balancieren oder in der Natur auf Bäume klettern dürfen. Nicht selten können hierdurch auch eigene positive Kindheitserinnerungen bei den Eltern reaktiviert werden, die sie besser nachvollziehen lassen, warum ihre Kinder von sich aus immer wieder diese Grenzerfahrungen suchen.

Gleichzeitig sollten Eltern auch darüber beruhigt werden, wie selten sich Kinder im Kita-Alltag ernstlich verletzen. Denn die Risikowahrnehmung der Eltern und die tatsächliche Risikowahrscheinlichkeit klaffen oft weit auseinander. Wo und was die wahren Unfallrisiken für ihre Kinder sind, ist den Eltern meist nicht bekannt.

4. Unfallwahrscheinlichkeit

Die Unfallstatistik (vgl. BAG 2022) zeigt, dass die meisten von jährlich ca. 1,9 Millionen behandlungsbedürftigen Unfällen von Kindern zu Hause bzw. im privaten Umfeld passieren (43,8%), deutlich seltener in Bildungs- und Betreuungseinrichtungen wie Schule und Kita (24,2%) sowie

> Die meisten Unfälle von Kindern passieren im häuslichen Umfeld.

auf dem Spielplatz oder in Sporteinrichtungen (17,4%). Noch häufiger geschehen Unfälle (ca. 60%) in der eigenen Wohnung oder im häuslichen Umfeld bei Kindern bis 5 Jahren. Typische Unfälle sind Stürze, Ertrinken, Ersticken, Verbrennungen, Verbrühungen und Vergiftungen. Aus Sicht der Eltern birgt der Straßenverkehr das größte Unfallrisiko für Kinder. Dieser verursacht bei Kindern bis 5 Jahren tatsächlich jedoch nur 7% der Unfälle. Auch in Österreich entfallen auf Kindergarten und Krippe als Unfallort nur 3% der Verletzungen, der Großteil passiert im Wohnumfeld bzw. in der Freizeit (vgl. Hafner 2020).

Tödliche Unfälle sind selten

Die Anzahl der Unfallverletzungen mit Todesfolge ist bei Kindern und Jugendlichen in Deutschland erfreulicherweise seit Jahren rückläufig (vgl. Saß et al. 2018). Von den 153 tödlichen Unfällen von Kindern unter 15 Jahren im Jahr 2019 geschahen 54 mit einem Transportmittel. Bei 33 Kindern war die Todesursache Ertrinken, 21 Kinder stürzten tödlich, 17 Kinder starben an einem Erstickungsunfall. Bei sechs Kindern führte eine Vergiftung zum Tod, zwei Kinder starben in Folge von Rauch, Feuer und Flammen. Bei 20 Unfällen waren sonstige Gründe für den Tod ursächlich.

Über 60% der tödlichen Unfälle von Kindern geschehen im häuslichen Umfeld oder in der Freizeit, etwa 35% im Straßenverkehr und unter 5% an Orten wie Kita, Schule oder sind unbekannt (vgl. BAG 2020). Die unfallträchtigsten Spiele im Kindergartenalter sind Rutschen, Klettern, Schaukeln und Trampolinspringen und verursachen meist Verletzungen der Extremitäten. Säuglinge und Kleinstkinder hingegen sind einem hohen Sturzrisiko, etwa von Wickeltischen und Hochstühlen, ausgesetzt.

Unfälle in Kitas

Die Zahl der meldepflichtigen Unfälle in Kitas liegt bei etwa 5 % der Kinder (ca. 190.000 Kinder im Jahr). Unfälle mit Todesfolge sind die absolute Ausnahme und lagen beispielsweise im Jahr 2020 bei drei von knapp vier Millionen versicherter Kita-Kinder (DGUV 2021b); sie bekommen aber überproportional viel mediale Aufmerksamkeit.

MELDEPFLICHTIGE UNFÄLLE 2020 IN KITA/TAGESPFLEGE

(vgl. DGUV 2021b, S. 29)

Auslöser des Unfalls	Anzahl	%
Verletzte Person selbst	89.719	45,1
Anderer Mensch	29.436	14,8
Sonstiges/k. A.	29.115	14,6
Bodenoberfläche	14.794	7,4
Spielplatzgeräte	13.895	7,0
Gebäudeteil	7.208	3,6
Möbel/Einrichtung	6.344	3,2
Spielzeug (inkl. Ball)	6.171	3,1
Fahrzeug	2.254	1,1
Gesamt	**198.937**	**100,0**
Verletzter Körperteil		
Kopf	123.317	62,0
Sonstiges/k. A.	22.051	11,1
Hand	19.681	9,9
Knöchel, Fuß	19.127	9,6
Unterarm, Handgelenk	8.895	4,5
Kniegelenk (außer Kniescheibe), Unterschenkel	5.867	2,9
Gesamt	**198.937**	**100,0**
Art der Verletzung		
Erschütterung (Commotio), Prellung	73.354	36,9
Zerreißung	69.329	34,8
Sonstiges/k. A.	22.825	11,5
(Dis-)Torsion	13.122	6,6
Geschlossene Fraktur	11.231	5,6
Quetschung (Contusio), Weichteilabscherung	9.077	4,6
Gesamt	**198.937**	**100,0**

VIII

Aufsichtspflicht und Haftung

Wahrung der Aufsichtspflicht bedeutet nicht, dass Kita-Kinder lückenlos überwacht werden müssen. Bei der Entscheidung, welchem Kind wie viel Freiraum zugestanden werden kann, gilt es, wichtige Kontextfaktoren zu berücksichtigen und individuell abzuwägen. Belangt werden kann eine pädagogische Fachkraft nur, wenn sie grob fahrlässig gehandelt hat.

1. Sorge der Fachkräfte

Nicht wenige pädagogische Fachkräfte scheuen davor zurück, riskantes Spiel wie Baumklettern, Hantieren mit echtem Werkzeug oder zeitweiliges Unbeaufsichtigtsein bei den ihnen anvertrauten Kindern zuzulassen, weil sie befürchten, dass wenn etwas passiert, sie bereits mit einem Bein im Gefängnis stehen.

Die gute Nachricht vorweg: Dem ist nicht so! Damit Kita-Fachkräfte in persönliche Haftung kommen oder gar strafrechtliche Konsequenzen erfolgen, muss ihnen zuvor grob fahrlässiges Verhalten nachgewiesen werden, was extrem selten der Fall ist. Auch in der österreichischen Risky-Play-Studie von Hafner (2020) zeigte sich nach Befragung von juristischen Expert:innen kein einziger Fall, in dem eine Fachkraft zivil- oder strafrechtlich wegen verletzter Aufsichtspflicht persönlich zu Schadensersatzzahlung oder Freiheitsstrafe verurteilt wurde, wenn ein Kind in der Kita verunfallt war. Daraus kann geschlussfolgert werden, dass im Falle eines Rechtsstreits in der Regel der Träger zur Verantwortung gezogen wird, der die primäre Aufsichtspflicht innehat. Eine für pädagogische Fachkräfte entlastende Erkenntnis.

2. Rechtsgrundlage

Aufsicht bedeutet, die aufsichtsbedürftige Person (hier also das Kind) zu beobachten und zu überwachen, zu belehren und aufzuklären, sie, falls erforderlich, bezüglich ihres Verhaltens zu leiten und zu beeinflussen. Es handelt sich dabei um die rechtliche Verpflichtung, eine minderjährige Person oder eine Person, die wegen ihres geistigen und körperlichen Zustandes der Beaufsichtigung bedarf, zu beaufsichtigen – mit der Konsequenz der Haftung des bzw. der Aufsichtspflichtigen bei schuldhafter Verletzung der Aufsichtspflicht. Die Beaufsichtigung dient dem Schutz des Kindes und dem Schutz Dritter sowie von Sachen vor Schäden, die das Kind anrichten könnte.

Die Aufsichtspflicht obliegt in der Regel den Eltern bzw. den Erziehungsberechtigten und ist Teil der Personensorge, die wiederum Teil der elterlichen Sorge ist (§1626 Abs. 1 BGB). Die Personensorge umfasst die Pflicht und das Recht, das Kind zu pflegen, zu erziehen, zu beaufsichtigen und seinen Aufenthalt zu bestimmen (§1631 Abs. 1 BGB). Auch in den gesetzlichen Grundlagen wird bereits deutlich, dass bei der Aufsicht Überbehütung und Risikominimierung nicht das angestrebte Ziel sind, denn „bei der Pflege und Erziehung berücksichtigen Eltern die wachsende Fähigkeit und das wachsende Bedürfnis des Kindes zu selbstständigem und verantwortungsbewusstem Handeln“ (§1626 Abs. 2 BGB).

DEFINITION DER AUFSICHTSPFLICHT IN DER RECHTSPRECHUNG

„Die insoweit gebotene Intensität der Aufsicht richtet sich einerseits nach der Person des Aufsichtsbedürftigen, seinen Kenntnissen und Fähigkeiten, andererseits nach dem Ausmaß der Gefahr, die von der konkreten Situation für Rechtsgüter Dritter ausgeht und somit nach den besonderen Gegebenheiten des konkreten Falls (...). Bei Minderjährigen bestimmt sich das Maß der gebotenen Aufsicht nach Alter, Eigenart und Charakter des konkreten Kindes, dem örtlichen Umfeld, dem Ausmaß der drohenden Gefahren, der Voraussehbarkeit schädigenden Verhaltens sowie der Zumutbarkeit für den Aufsichtspflichtigen“ (LG Wuppertal 17.10.2017 – 16 S 19/17).
https://www.anwalt24.de/lexikon/aufsichtspflicht_-_eltern

3. Übertragene Aufsichtspflicht

Für Kinder sind in der Regel die Erziehungsberechtigten die Personen, die die Aufsichtspflicht per Gesetz haben (§832 Abs. 1 BGB). Wenn Kinder in öffentlichen Institutionen betreut werden, wird die Aufsichtspflicht an den Träger übertragen (§832 Abs. 2 BGB). Dies erfolgt in der Regel per Betreuungsvertrag zwischen Erziehungsberechtigten und Träger, der die Aufsichtspflicht wiederum über einen Angestelltenvertrag an die pädagogischen Fachkräfte delegiert, die somit zu Erfüllungsgehilfinnen des Trägers werden (§ 278 BGB). Die Aufsichtspflicht kann aber auch mündlich (z. B. übergibt die Mutter einer Freundin ihr Kind) oder stillschweigend und damit automatisch erfolgen, wenn ein Kind eine längere Zeit bei Verwandten oder Freund:innen verbringt.

> Die Aufsichtspflicht ist Teil der elterlichen Sorge.

Die Fachkräfte müssen sich im Vorfeld ein Bild von möglichen Gefahren im Gelände machen.

Auf wen bezieht sich nun die Aufsichtspflicht der pädagogischen Fachkraft?

- In erster Linie auf die Kinder der eigenen Bezugs- oder Stammgruppe;
- aufgrund des Anstellungsvertrages auf alle Kinder in der Obhut der Einrichtung;
- auch auf Besuchskinder, deren Besuch vereinbart wurde und die bewusst und gewollt ins Betreuungskonzept aufgenommen sind.

Besuchskinder, die unangemeldet kommen, sind in die Aufsichtspflicht erst einmal nicht eingeschlossen. Allerdings gilt auch für alle Besuchskinder die Verkehrssicherungspflicht, das heißt, vor offensichtlichen Gefahrenquellen wie defekten Geräten oder Unfallgefahren durch glatte, ungestreute Gehwege oder Dachlawinen usw. sind auch diese zu bewahren. Die Verkehrssicherungspflicht – also die Verpflichtung, alle zumutbaren Vorkehrungen zur gefahrlosen Benutzung der Kindertageseinrichtung zu treffen – obliegt eigentlich dem Träger. Da er aber in der Regel nicht vor Ort ist, müssen die pädagogischen Fachkräfte für Sicherheit vor Ort sorgen und bei Bedarf den Träger auf Gefahrenpotenziale im Alltagsbetrieb hinweisen bzw. zu ihrer eigenen Entlastung Vorschläge zur Beseitigung einbringen.

> Die Eltern delegieren die Aufsichtspflicht an den Träger und dieser an sein Kita-Team.

Verantwortung des Trägers

Die Delegation der Aufsichtspflicht vom Träger an sein Kita-Team entbindet diesen jedoch nicht von seiner Organisationsverantwortung. Er ist weiterhin verpflichtet, den Einrichtungsalltag so zu organisieren, dass eine Aufsichtspflichtverletzung weitestgehend ausgeschlossen werden kann. Der Träger muss sein Personal sorgfältig auswählen (z. B. Prüfung eines erweiterten Führungszeugnisses), Kompetenzen festlegen, anleiten und der Kita-Leitung eine übergreifende Verantwortung erteilen. Kita-Mitarbeitende haben im Übrigen auch das Recht, aufsichtsrelevante Arbeitsaufträge, die sie nach ihrer Selbsteinschätzung überfordern würden, abzulehnen. Etwa wenn eine neue, unerfahrene Kollegin von der Leitung beauftragt wird, mit 24 lebhaften Kindern alleine in die Sporthalle der angrenzenden Grundschule zu gehen, um ein Bewegungsangebot durchzuführen. Verweigert die überforderte Fachkraft nicht den Auftrag von Träger oder Leitung und passiert etwas, haftet sie jedoch nicht selbst, sondern kann sich auf ihre Dienstanweisung berufen.

Die vom Träger delegierte Aufsichtspflicht kann prinzipiell von einer pädagogischen Fachkraft auf eine:n Kollegin/Kollegen, Praktikantin/Praktikanten oder andere Erwachsene, selbst auf ältere Kinder übertragen werden. Dafür muss sich die Fachkraft, die die Aufsichtspflicht überträgt, jedoch vergewissern, dass

- die ausgewählte Person für die Aufsichtspflicht geeignet ist,
- die Person zuvor bei der Wahrnehmung der Aufgaben angeleitet wurde,
- die Aufgaben angemessen erfüllt werden,
- eine Überforderung ausgeschlossen ist.

4. Was umfasst die Aufsichtspflicht?

Die Aufsichtspflicht beinhaltet nicht nur die tatsächliche Aufsichtspflicht, das heißt die Überwachungspflicht, sondern auch eine Informations- bzw. Eingreifpflicht.

Zur Informationspflicht der Kita gehört es auch, sich bei einem geplanten Ausflug über die Beschaffenheit des Geländes (z. B. Waldspielplatz) und mögliche Gefahren zu informie-

ANFORDERUNGEN AN DIE AUFSICHTSFÜHRUNG

- Informationspflicht (Fachkraft): Die Fachkraft muss sich selbst über Faktoren informieren, die die Aufsicht bestimmen.
- Informationspflicht (Kinder): Die Fachkraft muss die Kinder entsprechend ihrem Alter und ihrer Entwicklung über mögliche Gefahren in der Kita, im Außengelände oder unterwegs bei Ausflügen informieren, (gemeinsam) Verhaltensregeln aufstellen und überprüfen, ob die Regeln verstanden wurden.
- Überwachungspflicht: Die Fachkraft muss sich vergewissern, dass die Regeln eingehalten werden.
- Pflicht zum Eingreifen: Die Fachkraft muss eingreifen, um Schaden zu verhindern, notfalls auch körperlich, falls ein Kind sich so verhält, dass es selbst oder eine andere Person mit hoher Wahrscheinlichkeit einen Schaden erleidet.

ren. Dies gilt natürlich auch schon für den Weg dorthin. Wenn nicht das gesamte Gelände geeignet ist, muss man sich auf Teilbereiche beschränken und den Zugang zu den ungeeigneten Geländeteilen (Abhang, Gewässer) sichern. Wird dies versäumt und kommt es zu einer ernsthaften Verunfallung eines Kindes, sind tatsächlich strafrechtliche persönliche Konsequenzen aufseiten der Fachkräfte möglich.

Die Entscheidung, welchem Kind bzw. welcher Kindergruppe die pädagogischen Fachkräfte welche Risikosituationen erlauben, hängt von zahlreichen Kontextfaktoren ab, die sich teils täglich ändern können. Insofern muss die Entscheidung, wie viel Aufsicht für das jeweilige Kind nötig ist und was sie ihm an Aktivität zugestehen können, von den Fachkräften ständig neu gefällt werden. Ein verantwortungsvoller und nicht einfacher Prozess, den nicht wenige Fachkräfte aus diesen Gründen scheuen und eher zur maximalen Risikovermeidung neigen, um auf Nummer sicher zu gehen. Dadurch verhindern sie jedoch die Zunahme an Selbsteinschätzungsvermögen und Risikokompetenz bei den Kindern und damit auch die Erfüllung ihres pädagogischen Bildungsauftrags, demgegenüber sie genauso verpflichtet sind wie ihrer Aufsichtspflicht.

5. Folgen einer Aufsichtspflichtverletzung

Unfälle von Kindern sind Alltag; die allermeisten Verletzungen ziehen sich Kinder jedoch im häuslichen Umfeld zu. Passiert in der Kindertageseinrichtung etwas Ernsthaftes, ist die Aufregung meist groß, und auch die Eltern des betroffenen Kindes wollen verständlicherweise von der Kita-Leitung wissen: „Hätte die Verletzung, der Sturz nicht vermieden werden können?“, „Habt ihr genug auf unser Kind aufgepasst?“.

Pädagogische Fachkräfte müssen jedoch nur mit ernsthaften Konsequenzen rechnen, wenn die Aufsichtspflicht tatsächlich schuldhaft verletzt wurde. Schuldhaft bedeutet wiederum vorsätzliches oder fahrlässiges Verhalten der Fachkräfte, was in der Praxis so gut wie nicht vorkommt, „denn welche Erzieherin würde bewusst die gebotene Aufsicht nicht ausüben und dabei in Kauf nehmen, dass ein Kind sich verletzt oder zu Tode kommt oder andere verletzt?“ (Hundmeyer/Pimmer-Jüsten 2019, S. 52). Wird die

KONTEXTFAKTOREN, DIE GEPRÜFT WERDEN MÜSSEN, UM DIE GEFÄHRLICHKEIT EINER SITUATION EINZUSCHÄTZEN

(nach Grimm 2018, Eberle 2018)

Kind:
- Versteht das Kind Vereinbarungen und hält es sie ein?
- Körperliche Fertigkeiten, Alter/Entwicklungsstand, Erfahrung/Kenntnisse
- Beeinträchtigungen, gesundheitliche Risiken
- Tagesform des Kindes
- Dauer der Gruppenzugehörigkeit (Wie gut kenne ich das Kind bereits?)

Kindergruppe:
- Gruppengröße
- Dynamik der Gruppenzusammensetzung, aktuelle Situation in der Gruppe (als Einzelnes verhält sich das Kind möglicherweise anders)

Gefährlichkeit der Beschäftigung und der Umgebung:
- Gefährlichkeit der Aktivität
- Abgeschlossenheit und Beschaffenheit der Umgebung, Gefahrenquellen
- Art der Spiel- und Beschäftigungsgeräte
- Bekanntheitsgrad für die Kinder

Pädagogische Fachkräfte:
- Alter, Erfahrung, Ausbildung, Beeinträchtigung
- Zugang, Akzeptanz, Beziehung, Übersicht

DEFINITION VON VORSATZ UND GROBER FAHRLÄSSIGKEIT

- Das Gesetz sieht vor, dass sowohl der Unfallversicherungsträger als auch der Kita-Träger Haftungsaufwendungen zurückverlangen können, wenn ein:e Mitarbeiter:in vorsätzlich oder grob fahrlässig die Pflichten gegenüber dem anvertrauten Kind vernachlässigt hat.
- Unter Vorsatz versteht man nicht nur die bewusste und gewollte Verletzung der Aufsichtspflicht, sondern auch das In-Kauf-Nehmen der möglichen Folgen.
- Grobe Fahrlässigkeit liegt dann vor, wenn die Sorgfalt einer pädagogischen Fachkraft in besonders hohem Grad missachtet wurde. Wer also offensichtliche, naheliegende und einfachste Überlegungen missachtet, handelt grob fahrlässig.

Aufsicht jedoch tatsächlich schuldhaft verletzt, kann dies straf-, zivil- sowie arbeitsrechtliche Folgen nach sich ziehen.

Strafrechtliche Folgen

Strafrechtliche Folgen der Aufsichtspflichtverletzung sind in der Praxis nahezu unbekannt, da hierfür ein Delikt der „fahrlässigen Körperverletzung" oder „fahrlässigen Tötung" nachgewiesen werden müsste. Wurde die Aufsicht gewissenhaft wahrgenommen und kam es trotzdem zu einem Unfall, wird dies kaum strafrechtliche Konsequenzen nach sich ziehen. Eine lückenlose Überwachung wird vom Gesetzgeber nicht gefordert, es sei denn, die Kinder bewegen sich in ungewöhnlich gefährlichen Situationen (z. B. im Schwimmbad). Die Beweislast hat dabei die Anklagebehörde, die „im Zweifel für den Angeklagten" entscheidet, auch weil oft Zweifel nicht ausgeräumt werden können, dass der pädagogische Auftrag der Fachkräfte zur Selbstständigkeitserziehung der Kinder ihr Verhalten letztlich gerechtfertigt hat (vgl. ebd.).

Zivilrechtliche Folgen

Zivilrechtliche Folgen sind in der Praxis häufiger als strafrechtliche, da die Beweislast hier bei der zuständigen Fachkraft liegt. Sie muss dezidiert darlegen und beweisen, dass sie den Anforderungen an die Aufsichtspflicht gerecht geworden ist. Wichtig ist hierbei die „geforderte Sorgfalt", das heißt, fahrlässig handelt eine Fachkraft, „falls eine andere, in die gleiche Arbeit eingewiesene und erfahrene Mitarbeiterin, bei Anspannung der gebotenen und ihr in der jeweiligen Situation auch möglichen Aufmerksamkeit, anders gehandelt hätte" (ebd., S. 55). Allerdings führen nur massive Verletzungen der Aufsichtspflicht zu zivilrechtlichen Haftungsansprüchen. Und auch Irrtümer, Fehleinschätzungen und Fehler infolge von Überlastung ziehen generell keine zivilrechtlichen Folgen nach sich.

Auch wenn zivilrechtliche Konsequenzen mitunter in der Praxis vorkommen, sind sie für pädagogische Fachkräfte meist folgenlos, da der Träger seine Fachkräfte für die „unzulängliche Erfüllung" der Aufsichtspflicht und auch für die Verletzung der Verkehrssicherungspflicht schützt. Hierfür schließt er u.a. eine Betriebshaftpflichtversicherung für seine Mitarbeitenden ab. Für Unfälle von Außenstehenden wie zum Beispiel einem Passanten, der von einem Ball auf der Straße getroffen wird oder dessen Besitztümer (z. B. Kleidung) beschädigt werden, haftet immer der Träger der Einrichtung und nicht das Personal. Personenschäden werden zudem in der Regel durch die Unfallversicherungen abgedeckt, da Kinder in Tageseinrichtungen gesetzlich unfallversichert sind. Dies gilt auch für eine etwaige Zahlung von Schmerzensgeld. Diese Absicherung garantiert Kindern, Trägern, pädagogischen Fachkräften und weiteren in der Einrichtung tätigen Personen eine Freistellung von der zivilrechtlichen Haftung (Haftungsprivileg).

Dieses Haftungsprivileg beschreibt einerseits die Befreiung von der Verpflichtung zum Schadensersatz, gibt den Unfallkassen aber andererseits auch das Recht, auf die Einhaltung von Sicherheitsempfehlungen im pädagogischen Alltag bzw. DIN-Normen von Spielgeräten zu bestehen und bei Unfällen, die auf die Nichteinhaltung von gegebenen Empfehlungen zurückzuführen sind, Träger bzw. pädagogische Fachkräfte in Regress zu nehmen. Handelt eine Fachkraft jedoch vorsätzlich oder grob fahrlässig, muss sie Schadensersatz leisten. Die dabei in Vorleistung gehende Unfallkasse nimmt die Fachkraft dann in Regress und fordert be-

> Fachkräfte müssen nur mit Konsequenzen rechnen, wenn die Aufsichtspflicht schuldhaft verletzt wurde.

reits an die Familie des Kindes gezahlte Versicherungsleistungen zurück. Diese gesetzliche Regelung soll dazu führen, dass pädagogische Fachkräfte ihre Verantwortung gewissenhaft ausführen und nicht jeglicher Haftung entzogen werden können. Um dieses Restrisiko einer möglichen Schadensersatzzahlung zu vermeiden, können pädagogische Fachkräfte vorsorglich eine eigene Berufshaftpflichtversicherung abschließen; die private Haftpflichtversicherung genügt hierfür nicht.

Arbeitsrechtliche Folgen

Arbeitsrechtliche Folgen (Ahndungsmöglichkeiten) einer Aufsichtspflichtverletzung reichen je nach Schwere des Falls von einer formlosen Belehrung oder Ermahnung bis hin zur fristgerechten (ordentlichen) und in besonders schwerwiegenden Fällen sogar fristlosen Kündigung des Arbeitsverhältnisses (vgl. Hundmeyer/Pimmer-Jüsten 2019). Aufgrund der Tatsache, dass die Verletzung der Aufsichtsführung dienstrechtlich gesehen ein Dienstvergehen ist, tritt eine arbeitsrechtliche Haftung in der Regel dann ein, wenn eine zivil- oder strafrechtliche Haftung festgestellt wurde.

Der Träger schließt eine Betriebshaftpflichtversicherung für seine Mitarbeitenden ab.

Einer Kündigung muss in der Regel eine „Abmahnung" vorausgehen, das heißt eine deutliche Missbilligung des Verhaltens des/der Mitarbeitenden einhergehend mit einer Aufforderung, das Fehlverhalten zu ändern, weil sonst das Arbeitsverhältnis gefährdet ist. Arbeitsrechtliche Folgen benötigen – anders als zivil- oder strafrechtliche Folgen – kein Eintreten eines Schadensfalls beim Kind. Tritt kein Schaden beim Kind ein, rechtfertigt eine Aufsichtspflichtverletzung im Regelfall eine Kündigung nur im Wiederholungsfall.

Fazit

Fragen zur Aufsichtspflicht und möglichen Haftung sollten das pädagogische Handeln der Fachkräfte nicht dominieren. Tatsächliche Fälle, in denen Fachkräfte haften mussten oder ihren Job verloren haben, sind extrem selten und standen immer in Verbindung mit grober Fahrlässigkeit.

Mehr Aufmerksamkeit sollte den zahlreichen täglich verpassten Chancen auf gewagtes Spiel im Kita-Alltag gezollt werden, die von pädagogischen Fachkräften aus Selbstschutz, Unwissenheit, Scheu, mit Eltern in die Diskussion zu gehen, oder zu strengen Trägervorgaben nicht ergriffen werden. Es gilt viel häufiger als bislang, Möglichkeiten für die Kinder zur Steigerung ihrer Risikokompetenz zu eröffnen, sie bei ihrem gewagten Spiel zu begleiten und zu ermuntern und ein Stück „Wildnis" in den Lebensalltag zurückkehren zu lassen, damit Kinder besser für eine für alle unvorhersehbare Zukunft gerüstet sind. Auch auf die Gefahr hin, dass sie auf dem Weg dorthin die eine oder andere Kompetenzschramme erhalten.

Anhang

FRAGEBOGEN „RISKY PLAY“

Karin Hafner, ULG Elementarpädagogik, Universität Salzburg (2020)

1. Geschlecht: ☐ weiblich ☐ männlich ☐ divers

2. So lange arbeite ich schon als PädagogIn in einer Kinderbildungs- und Betreuungseinrichtung:

☐ 0 bis 5 Jahre ☐ 6 bis 10 Jahre ☐ mehr als 10 Jahre

3. Ich arbeite in einem … ☐ Waldkindergarten ☐ Regelkindergarten

4. Diese potenziellen Risikosituationen finden Kinder in meiner Einrichtung (oder draußen) vor:
Es können mehrere Kästchen angekreuzt werden!

☐ Möglichkeit zum Klettern, Balancieren … in **großer Höhe** (ab ca. 1,5 Meter Höhe)
☐ Rutschen, Rollerfahren, Bobfahren … mit hoher, evtl. sogar **unkontrollierter Geschwindigkeit**
☐ scharfe Messer, Axt oder andere (potenziell) **gefährliche Werkzeuge**
☐ **gefährliche Elemente:** Abhänge, Felsklippen, Gewässer, wo Kinder ab- oder hineinstürzen können
☐ Möglichkeit für **Rauf- und Tobespiele**
☐ Möglichkeit zum selbstständigen **Explorieren der Umgebung** (draußen) ohne unmittelbare Aufsicht auf „Schritt und Tritt“, wo Kinder verloren gehen könnten
☐ keine
☐ andere. Welche?

5. Wie häufig nutzen die Kinder diese Spiele (aus Frage 4)?

A	große Höhen	☐ nie	☐ selten	☐ manchmal	☐ oft	☐ sehr oft
B	hohe Geschwindigkeit	☐ nie	☐ selten	☐ manchmal	☐ oft	☐ sehr oft
C	gefährliche Werkzeuge	☐ nie	☐ selten	☐ manchmal	☐ oft	☐ sehr oft
D	gefährliche Elemente	☐ nie	☐ selten	☐ manchmal	☐ oft	☐ sehr oft
E	Raufen und Toben	☐ nie	☐ selten	☐ manchmal	☐ oft	☐ sehr oft
F	Explorieren der Umgebung	☐ nie	☐ selten	☐ manchmal	☐ oft	☐ sehr oft

6. Diese Risikospiele (aus Frage 4) erlaube ich in meiner Gruppe, unabhängig vom einzelnen Kind:
Es können mehrere Kästchen angekreuzt werden!

☐ Spiele in **großer Höhe**
☐ Spiele mit **hoher Geschwindigkeit**
☐ **gefährliche Werkzeuge**
☐ Spiele bei **gefährlichen Elementen**: steilen Abhängen, Gewässern …
☐ **Raufen und Toben**
☐ selbstständiges **Explorieren der Umgebung**
☐ **keine**
☐ **andere. Welche?**

7. Risikospiele erlaube ich eher ...
Es können mehrere Kästchen angekreuzt werden!

- ☐ jüngeren
- ☐ ungeschickten
- ☐ älteren Kindern
- ☐ sportlichen Kindern
- ☐ Mädchen
- ☐ allen Kindern
- ☐ Buben
- ☐ keinen Kindern

8. Dieses Statement trifft für mich zu:
Es können mehrere Kästchen angekreuzt werden!

- ☐ Wenn Kinder auf den Baum (Klettergerüst) klettern, kann ich gar nicht hinschauen!
- ☐ Ich vermeide Risiko, schließlich trage ich die Verantwortung!
- ☐ No risk, no fun!
- ☐ Ich stehe immer mit einem Fuß im Gefängnis, wenn sich ein Kind verletzt.
- ☐ Beim Spielen kann immer was passieren.
- ☐ Mir sind „wilde Kerle" lieber als „Prinzessinnen auf der Erbse".

9. Einschätzung meiner eigenen, privaten Risikobereitschaft (Sportarten, Autofahren ...):

- ☐ eher gering
- ☐ mittelmäßig
- ☐ eher hoch

10. Wenn Kinder riskante Spiele spielen, denke ich vor allem an ...
Es können mehrere Kästchen angekreuzt werden!

- ☐ die besorgten Eltern.
- ☐ die Entwicklungsschritte, die Kinder dabei machen können.
- ☐ meine Aufsichtspflicht und Warnpflicht.
- ☐ mögliche gesetzliche Konsequenzen (Anzeigen) für mich.
- ☐ die Gespräche meiner Kolleg:innen darüber.
- ☐ die freudige Aufregung der Kinder.
- ☐ eine mögliche Verletzung des Kindes.
- ☐ den Spaß in meiner eigenen Kindheit bei gewagten Spielen.

11. Riskante Spiele und Situationen im Kindergarten werde ich in der Regel ...
Entscheiden Sie sich bitte für Ihre wahrscheinlichste Reaktion.

- ☐ nicht bemerken
- ☐ verbieten
- ☐ reglementieren
- ☐ dulden/beobachten
- ☐ daran teilnehmen
- ☐ fördern

12. Welche möglichen Gefahren, aber auch Vorteile, können riskante Spiele für das Kind und mich haben?
Bitte zählen Sie in Stichworten auf.

	Gefahren	Vorteile
Für das Kind		
Für mich		

Literatur

Abel, M./Barthel, K. (2003): Mehr Sicherheit – Unfallprävention in Kindertagesstätten. www.kindergartenpaedagogik.de/fachartikel/kita-leitung-organisatorisches-teamarbeit/gesundheit-hygiene-unfall praevention/1008/ (letzter Zugriff am 12.4.2023)

Ahne, V. (2012): Ein Recht auf Schrammen. In: Gehirn & Geist (6), S. 24–30.

Allgöwer, S. (2009): Die Rechte der Kinder bei Janusz Korczak und in der Gegenwart. Seminararbeit an der Pädagogischen Hochschule Ludwigsburg.

Apter, M. (1994): Im Rausch der Gefahr. Warum immer mehr Menschen den Nervenkitzel suchen. München: Kösel.

Ball, D. J. (2007): Trends in fall injuries associated with children's outdoor climbing frames. In: International Journal of Injury Control and Safety Promotion 14 (1), S. 49–53.

Baum, H. (1997): Messer, Gabel, Schere, Licht – warum denn nicht? Kinder lernen spielerisch die Gefahr einschätzen. Freiburg: Herder.

Bayerisches Staatsministerium für Arbeit und Sozialordnung, Familie und Frauen (BStMAS)/Staatsinstitut für Frühpädagogik München (IFP) (Hrsg.) (2006): Der Bayerische Bildungs- und Erziehungsplan für Kinder in Tageseinrichtungen bis zur Einschulung. Weinheim: Beltz.

Bensel, J./Haug-Schnabel, G./Kremers, J. (2020): Kinderängste verstehen und achtsam begleiten. kindergarten heute – wissen kompakt. Freiburg: Herder.

Beudels, W./Anders, W. (2018): Wo rohe Kräfte sinnvoll walten. Handbuch zum Ringen, Rangeln und Raufen in Pädagogik und Therapie. Basel: Borgmann.

Blair, P. S./Sidebotham, P./Pease, A./Fleming, P. J. (2014): Bedsharing in the absence of hazardous circumstances: is there a risk of sudden infant death syndrome? An analysis from two case-control studies conducted in the UK. In: PLoS One (9), e107799.

Blinkert, B./Höfflin, P./Schmider, A./Spiegel, J. (2015): Raum für Kinderspiel! Eine Studie im Auftrag des Deutschen Kinderhilfswerkes über Aktionsräume von Kindern in Ludwigsburg, Offenburg, Pforzheim, Schwäbisch Hall und Sindelfingen. Münster: Lit-Verlag.

Bolay, E./Reichle, B. (2014): Waldpädagogik. Teil 2: Praxiskonzepte. Handbuch der waldbezogenen Umweltbildung. Baltmannsweiler: Schneider Hohengehren.

Brandes, H. (2016): Geschlechtsspezifische Ansätze sollten Kindern das Recht zugestehen, selbst ihre Position in einer auch hinsichtlich Geschlechterbildern immer heterogeneren Gesellschaft zu finden. In: Frühe Kindheit (4), S. 48–51.

Bundesarbeitsgemeinschaft Mehr Sicherheit für Kinder (BAG) (2022): Unfallstatistiken. www.kindersicherheit.de/fachinformationen/unfallstatistiken.html (letzter Zugriff am 12.4.2023)

Caillois, R. (1958): Les jeux et les hommes (Die Spiele des Menschen). Paris: Gallimard.

Deutsche Gesetzliche Unfallversicherung (DGUV) (Hrsg.) (2008): Mit Kindern im Wald. Möglichkeiten und Bedingungen in einem natürlichen Spiel- und Lebensraum. Berlin: DGUV.

Deutsche Gesetzliche Unfallversicherung (DGUV) (2016): Klettern in Kindertageseinrichtungen und Schulen. DGUV Information 202–018. Berlin: DGUV.

Deutsche Gesetzliche Unfallversicherung (DGUV) (2020a): Außenspielflächen und Spielplatzgeräte. DGUV Information 202–022. Berlin: DGUV.

Deutsche Gesetzliche Unfallversicherung (DGUV) (2020b): Mit Kindern im Wald. Möglichkeiten und Bedingungen, um in einem natürlichen Spiel- und Lebensraum sicher und gesund aufzuwachsen. DGUV Information 202–074. Berlin: DGUV.

Deutsche Gesetzliche Unfallversicherung (DGUV) (2021a): Trampoline in Kindertageseinrichtungen und Schulen. DGUV Information 202–081. Berlin: DGUV.

Deutsche Gesetzliche Unfallversicherung (DGUV) (2021b): Statistik Schülerunfallgeschehen 2020. Berlin: DGUV.

Deutsche Gesetzliche Unfallversicherung (DGUV) (2022): Wassergewöhnung in der Kindertageseinrichtung. Berlin: DGUV.

Dittrich, G./Dörfler, M./Schneider, K. (1997): „Am liebsten hätt' ich keine". Konflikte unter Kindern. Erzieherinnen berichten aus ihrem Alltag. In: Deutsches Jugendinstitut 3/97.

Dornes, M. (2007): Frühe Kindheit: Entwicklungslinien und Perspektiven. In: Frühe Kindheit (6), S. 14–21.

Eberle, U. (2018): Die Aufsicht – Zwischen Bildungsanspruch und Betreuungspflicht. Fortbildung zur Grundlagenqualifizierung der Mitarbeiter/innen in der Schulkindbetreuung. Freiburg: impulse akademie.

Frank, T. (2015): Schrottkunst aus dem Kibbuz. Deutschlandfunk Kultur. 2.10.2015. www.deutschlandfunkkultur.de/ausstellung-in-bochum-schrottkunst-aus-dem-kibbuz-100.html (letzter Zugriff am 12.4.2023)

Grefe, C. (2005): Gefallene Mädchen. In: Die Zeit (30), 21.7.2005.

Grimm, B. (2018): Aufsichtspflicht bei der Betreuung großer Kinder. Fortbildung des Amts für Schule und Bildung der Stadt Freiburg i. Br.

Hafner, K. (2020): Das Phänomen des Risky Play. Ist das Spiel mit der Gefahr gefährlich oder gefährdet? Masterarbeit zum Universitätslehrgang für Elementarpädagogik an der Universität Salzburg.

Hahn, K. (1958): Erziehung zur Verantwortung. Reden und Aufsätze. Stuttgart: Klett.

Haug-Schnabel, G. (2010): Kinder haben ein Recht auf blaue Flecken. Ein Positionspapier. In: Unfallkasse Nordrhein-Westfalen (Hrsg.): Sicher bilden und betreuen – Gestaltung von Bewegungs- und Bildungsräumen für Kinder unter drei Jahren. Prävention in NRW/40. Unfallkasse Nordrhein-Westfalen, Düsseldorf, S. 9–26. Der für Bayern angepasste und von der bayerischen Unfallversicherung herausgegebene Nachdruck von 2013 ist abrufbar unter: https://kuvb.de/fileadmin/daten/dokumente/GBI/Kitas/Vorschriften_und_Informationen/Kita_allgemein/KUVB_Ki_unter_3_Jahren_Neu.pdf (letzter Zugriff am 25.4.2023)

Haug-Schnabel, G. (2011): Aggression bei Kindern. Praxiskompetenz für Erzieherinnen. 2. Auflage, Freiburg: Herder.

Haug-Schnabel, G. (2016): Raumgestaltung – eine verantwortungsvolle Aufgabe. In: KiTa aktuell. Niedersachsen, Schleswig-Holstein, Hamburg, Bremen, 24 (2), S. 35–37.

Haug-Schnabel, G. (2020): Umgang mit aggressivem Verhalten von Kindern. Freiburg: Herder.

Haug-Schnabel, G./Bensel, J. (2015): Raumgestaltung in der Kita. kindergarten heute – praxis kompakt. Freiburg: Herder.

Haug-Schnabel, G./Bensel, J. (2017a): Lernwerkstätten in der Offenen Arbeit. In: Haug-Schnabel, G./Bensel, J. (Hrsg.): Offene Arbeit in Theorie und Praxis. In: kindergarten heute – wissen kompakt. Freiburg: Herder, S. 32-39.

Haug-Schnabel, G./Bensel, J. (2017b): Wer wagt, gewinnt. Riskantes Spiel fördert die kindliche Entwicklung. In: Kleinstkinder in Kita und Tagespflege (2) 2017, S. 6–9.

Hundmeyer, S./Pimmer-Jüsten, B. (2019): Aufsichtspflicht in Kindertageseinrichtungen. Köln: Wolters Kluwer.

Hüther, G. (2020): Wege aus der Angst. Über die Kunst, die Unvorhersehbarkeit des Lebens anzunehmen. Göttingen: Vandenhoeck & Ruprecht.

Jennissen, C. A./Koos, M./Denning, G. (2018): Playground slide-related injuries in preschool children: increased risk of lower extremity injuries when riding on laps. In: Inj Epidemiol. Apr 10;5 (Suppl. 1), S. 13.

Jensen, H. (2019): Die Bedeutung des Spiels für die Entwicklung des Kindes. www.kindergartenpaedagogik.de/fachartikel/freispiel-spiele/die-bedeutung-des-spiels-fuer-die-entwicklung-des-kindes/ (letzter Zugriff am 12.4.2023)

Karawahn, K. (2014): Betrachtungen zum (Miss-)Verständnis der Begegnung Kind und Feuer in frühkindlicher Pädagogik. www.nifbe.de/aktuelle-fachbeitraege?view=item&id=422&catid=71&showall=1&start=0 (letzter Zugriff am 12.4.2023)

Keller, H. (2015): Die Entwicklung der Generation Ich. Wiesbaden: Springer.

Kennair, L. E./Sandseter, E. B. (2011): Childrens' Risky Play from an Evolutionary Perspective. The Anti-Phobic Effects of Thrilling Experiences. In: Journal of Evolutionary Psychology, 9 (2), S. 257–284.

Koller, G. (Hrsg.) (2005): Highmat. Erzählkreise zu Jugend, Rausch und Risiko. Maria Enzersdorf: Edition Roesner.

König, P. (2021): Ein Ort für mich allein. In: Klett Kita Blog vom 28.5.2021.

Korczak, J. (1980): Die Liebe zum Kind. Berlin: Union.

Korczak, J. (2014): Wie man ein Kind lieben soll. Göttingen: Vandenhoeck & Ruprecht.

Kunsthalle Zürich (2016): The Playground Project. wemakeit.com/projects/the-playground-project?locale=de (letzter Zugriff am 25.4.2023)

Lange, U./Stadelmann, T. (2012): Mehr Wildnis wagen. Zur besonderen Bedeutung des Außenspielgeländes. In: Haug-Schnabel, G./Wehrmann, I. (Hrsg.): Raum braucht das Kind. Anregende Lebenswelten für Krippe und Kindergarten. Weimar: verlag das netz, S. 163–175.

Lindner, U. (2019): Schwierige Elterngespräche in der Kita. Souverän bleiben bei Konflikten und heiklen Themen. Mülheim a.d. Ruhr: Verlag an der Ruhr.

Louv, R. (2011): Das letzte Kind im Wald? Geben wir unseren Kindern die Natur zurück! Weinheim: Beltz.

McKenna, J./Mosko, S./Richard, C. (1999): Breast-feeding and mother-infant cosleeping in relation to SIDS prevention. In: Trevathan, W. R./Smith, E. O./McKenna, J. J. (Hrsg.): Evolutionary medicine. New York: Oxford University Press, S. 53–74.

Miklitz, I. (2019): Naturraumpädagogik in der Kita. Freiburg: Herder.

Morrongiello, B. A./Midgett, C./Stanton, K.-L. (2000): Gender biases in children's appraisals of injury risk and other children's risk-taking behaviors. In: Journal of Experimental Child Psychology 77 (4), S. 317–336.

Moser, M. (2022): Waldeskind. Die Bedeutung von Wald und Natur für die Entwicklung unserer Kinder. München: Servus Verlag.

Nentwig-Gesemann, I./Fröhlich-Gildhoff, K. (2022): Wohlbefinden und seelische Gesundheit. Konkretisierungen aus der Perspektive von vier- bis sechsjährigen Kita-Kindern. In: Frühe Bildung 11 (3), S. 115–124.

Nentwig-Gesemann, I./Walther, B./Bakels, E./Munk, L.-M. (2021): Kinder als Akteure in Qualitätsentwicklung und Forschung. Eine rekonstruktive Studie zu KiTa-Qualität aus der Perspektive von Kindern. Gütersloh: Bertelsmann Stiftung.

Nentwig-Gesemann, I./Walther, B./Thedinga, M. (2017): Qualität aus Kindersicht – Die Quaki-Studie. Abschlussbericht. Kita-Qualität aus Kindersicht. Eine Studie des DESI-Instituts im Auftrag der Deutschen Kinder- und Jugendstiftung. www.dkjs.de/fileadmin/Redaktion/Dokumente/programme/171026_Quaki_Abschlussbericht_WEB.pdf (letzter Zugriff am 25.4.2023)

Neumann, P. (1999): Das Wagnis im Sport. Grundlagen und pädagogische Forderungen. Schorndorf: Hofmann.

Neumann, P. (2002): If life get's boring – risk it! Zur pädagogischen Ambivalenz wagnisportlicher Aktivitäten. In: Gissel, N./Schwier, N. (Hrsg.): Abenteuer, Erlebnis und Wagnis. Perspektiven für den Sport in Schule und Verein. Hamburg: Czwalina Verlag, S. 25–35.

Prott, R. (2011): Zur Aufsichtspflicht von ErzieherInnen. www.erzieherin.de/zur-aufsichtspflicht-von-erzieherinnen.html (letzter Zugriff am 25.4.2023)

Raith, A./Lude, A. (2014): Startkapital Natur: Wie Naturerfahrung die kindliche Entwicklung fördert. München: oekom.

Redaktion Merkur (2014): Kinder sicheren Umgang mit Feuer üben lassen. Merkur.de vom 3.9.2014. www.merkur.de/leben/kinder-sicheren-umgang-mit-feuer-ueben-lassen-zr-4278413.html (letzter Zugriff am 25.4.2023)

Renz-Polster, H./Hüther, G. (2013): Wie Kinder heute wachsen. Natur als Entwicklungsraum. Weinheim: Beltz.

Richard-Elsner, C. (2013): Risikokompetenz ohne Risikoerfahrung? In: Unsere Jugend (10), S. 436–445.

Richard-Elsner, C. (2018): Draußen spielen – ein unterschätzter Motor der kindlichen Entwicklung. In: Analysen & Argumente (315).

Sandseter, E. B. (2010): Scaryfunny. A Qualitative Study of Risky Play Among Preschool Children. Thesis for Degree of Philosophiae Doctor. Trondheim: University of Science and Technology/Department of Psychology.

Saß, A.-C./Kuhnert, R./Gutsche, J. (2018): Unfallverletzungen bei Kindern und Jugendlichen in Deutschland – Querschnittergebnisse aus KiGGS Welle 2 und Trends. In: Journal of Health Monitoring 3 (3), S. 54–60.

Sauermann, D. (2019): Schwierige Elterngespräche in der Kita – und wie sie gelingen. Stuttgart: Klett Kita.

Schäfer, G. E./Alemzadeh, M. (2012): Wahrnehmendes Beobachten. Beobachtung und Dokumentation am Beispiel der Lernwerkstatt Natur. Weimar: verlag das netz.

Schleske, W. (1977): Abenteuer – Wagnis – Risiko im Sport: Struktur und Bedeutung in pädagogischer Sicht. Schorndorf: Hofmann.

Schnurr, H. (2022): Rechtssicher handeln im Kita-Alltag. So frei wie möglich, so sicher wie nötig. kindergarten heute – praxis kompakt. Freiburg: Herder.

Schwarz, R. (2020): Waldkindergarten [online]. socialnet Lexikon. Bonn: socialnet. www.socialnet.de/lexikon/Waldkindergarten (letzter Zugriff am 25.4.2023)

Seiffge-Krenke, I. (2004): Gut, dass sie anders sind! In: Psychologie heute 31 (3), S. 26–27.

Singer-Brodowski, M. (2020): „Lernen mit Unsicherheit umzugehen". Interview von Tina Sprung mit Mandy Singer-Brodowski. In: Meine Kita (1), S. 6–10.

Warwitz, S. A. (2021): Sinnsuche im Wagnis. Leben in wachsenden Ringen. Baltmannsweiler: Schneider Hohengehren.

Witt, M. (2016): Rein in die Mattenarena. Ringen und Raufen in den Kita-Alltag integrieren. In: Entdeckungskiste (4), S. 16–18.

Wohlfahrt, I. (2019): Raufen. Warum unsere Kinder wieder mehr kämpfen sollten. Wolfgang Beudels im Interview. In: Mitteldeutsche Zeitung vom 17.5.2019.

Wolfram, A. (2021): Handbuch Naturraum-Pädagogik. Freiburg: Herder.

Impressum

wissen kompakt: Wildes und gewagtes Spiel – Risikokompetenz bei Kindern fördern ist ein Sonderheft von kindergarten heute – Das Fachmagazin für Frühpädagogik

Redaktion
Thilo Bergmann (verantw.)
Tel. 0761/2717-209
E-Mail: bergmann@herder.de

Carolin Küstner
Tel. 0761/2717-331
E-Mail: kuestner@herder.de

Anschrift der Redaktion
Hermann-Herder-Str. 4
79104 Freiburg
Tel. 0761/2717-322
E-Mail: redaktion@kindergarten-heute.de
www.kindergarten-heute.de

Verlag

www.herder.de

Bildnachweis
Titelfoto und Fotos S. 6, 15, 29, 31, 43, 47, 50: Waldkindergarten Birkenwald, Partschins, Italien
Fotos: S. 9, 16, 20, 25, 34, 37, 39, 40: Sigrid Diebold, Freiburg; S. 11, 18, 26, 28, 41, 46: Karin Hafner, Werfen, Österreich; S. 19, 21, 52: Andrea Hampel, Völklingen; S. 4, 32: Andrea Bowinkelmann, Duisburg; S. 14: Heidi Keller, Osnabrück; S. 24: Thilo Bergmann, Freiburg; S. 30: Edeltraud Prokop, München; S. 44: Walburga Pföstl, Partschins, Italien

Layout, Satz und digitale Bearbeitung
rsrdesign Reckels & Schneider-Reckels, Guntersblum, www.rsrdesign.de

Herstellung
Medienhaus Plump GmbH, Rheinbreitbach

Leserservice
Verlag Herder GmbH
Hermann-Herder-Str. 4
79104 Freiburg
Tel. 0761/2717-379 oder 0761/2717-244
Fax: 0761/2717-249
E-Mail: kundenservice@herder.de

Gedruckt auf chlorfrei gebleichtem Papier

Printed in Germany

Titelnummer: 350
ISBN Print: 978-3-451-00350-9
ISBN E-Book (PDF): 978-3-451-82767-9